Mario Schlegel

Konzeption und prototypische Entwicklung einer CEP-Anwendung im Bereich E-Commerce

Diplomica Verlag GmbH

Schlegel, Mario: Konzeption und prototypische Entwicklung einer CEP-Anwendung im Bereich E-Commerce. Hamburg, Diplomica Verlag GmbH 2013

Buch-ISBN: 978-3-8428-9259-0
PDF-eBook-ISBN: 978-3-8428-4259-5
Druck/Herstellung: Diplomica® Verlag GmbH, Hamburg, 2013

Bibliografische Information der Deutschen Nationalbibliothek:
Die Deutsche Nationalbibliothek verzeichnet diese Publikation in der Deutschen Nationalbibliografie; detaillierte bibliografische Daten sind im Internet über http://dnb.d-nb.de abrufbar.

Das Werk einschließlich aller seiner Teile ist urheberrechtlich geschützt. Jede Verwertung außerhalb der Grenzen des Urheberrechtsgesetzes ist ohne Zustimmung des Verlages unzulässig und strafbar. Dies gilt insbesondere für Vervielfältigungen, Übersetzungen, Mikroverfilmungen und die Einspeicherung und Bearbeitung in elektronischen Systemen.

Die Wiedergabe von Gebrauchsnamen, Handelsnamen, Warenbezeichnungen usw. in diesem Werk berechtigt auch ohne besondere Kennzeichnung nicht zu der Annahme, dass solche Namen im Sinne der Warenzeichen- und Markenschutz-Gesetzgebung als frei zu betrachten wären und daher von jedermann benutzt werden dürften.

Die Informationen in diesem Werk wurden mit Sorgfalt erarbeitet. Dennoch können Fehler nicht vollständig ausgeschlossen werden und die Diplomica Verlag GmbH, die Autoren oder Übersetzer übernehmen keine juristische Verantwortung oder irgendeine Haftung für evtl. verbliebene fehlerhafte Angaben und deren Folgen.

Alle Rechte vorbehalten

© Diplomica Verlag GmbH
Hermannstal 119k, 22119 Hamburg
http://www.diplomica-verlag.de, Hamburg 2013
Printed in Germany

Abstract

Würde man eine Gruppe Informatiker fragen, welche innovative Technik den IT-Markt der nächsten Jahre bestimmen wird, so würden diese wahrscheinlich Cloud-Computing antworten. Durchaus könnte man annehmen, es handle sich hierbei um eine weitere Abhandlung über das Cloud-Computing – keineswegs, denn dieses Buch stellt eine ebenso innovative Technik vor, deren Potenzial weitestgehend noch nicht erkannt wurde, da sie sich im Schatten des Cloud-Computing-Hypes befindet: das Complex Event Processing (CEP) in einer Event-Driven Archtiecture (EDA).

EDA als Architekturstil und CEP als Softwaretechnologie rücken Ereignisse als Strukturierungskonzept in das Zentrum der Softwarearchitektur. Die Grundidee ist hierbei Ereignisse in Echtzeit verarbeiten zu können, um ihre Auswirkungen auf die Unternehmensziele, -richtlinien und Geschäftsprozesse abbilden zu können.

Zunächst werden die Motive und Grundprinzipien der Ereignisverarbeitung aus Unternehmenssicht vorgestellt und diskutiert. Anschließend werden die wichtigsten Konzepte von EDA und CEP erläutert und deren praktische Umsetzung mittels Spring Integration und Esper veranschaulicht. Im Ergebnis wird deutlich: durch die zunehmende Digitalisierung von Ereignissen, dem Potenzial von EDA und CEP und den vielen möglichen Einsatzgebieten, wird diese Softwarearchitektur und -technolgie immer mehr an Bedeutung in zukünftigen Unternehmensanwendungen gewinnen.

Inhaltsverzeichnis

Abstract I
Inhaltsverzeichnis III
Abbildungsverzeichnis V
Listingverzeichnis VI
Abkürzungsverzeichnis VII
1 Einleitung 1
   1.1 Ziel dieses Buchs 2
   1.2 Aufbau 2
2 Grundlagen 4
   2.1 Begriffe im Zusammenhang mit EDA 4
   2.2 Schlagworte im Umfeld von EDA und CEP 6
   2.3 Der Begriff „Softwarearchitektur" 7
      2.3.1 Kohärenz 8
      2.3.2 Kopplung 8
3 Ereignisse in betrieblichen Anwendungssystemen 10
   3.1 Die Global Event Cloud – Herausforderungen im Umgang mit Ereignissen 10
   3.2 Grenzen von konventionellen Softwarearchitekturen 11
      3.2.1 Geschäftssicht in konventionellen Architekturen 11
         3.2.1.1 Betrachtung einzelner Ereignisse 12
         3.2.1.2 Vergangenheitsperspektive 12
      3.2.2 Technologiesicht in konventionellen Architekturen 13
         3.2.2.1 Kommunikationsmodell 13
         3.2.2.2 Ereignisverarbeitung 14
4 Event-Driven Architecture 15
   4.1 Geschäftssicht in einer EDA 15
      4.1.1 Echtzeit 16
      4.1.2 Geschäftsprozesse 16
         4.1.2.1 Ereignisgesteuerte Geschäftsprozesse 16
         4.1.2.2 Betrachtung von Ereignismustern 17
   4.2 Technologiesicht in einer EDA 17
      4.2.1 Ereignisströme 17
      4.2.2 Ereignisverarbeitung 18
      4.2.3 Kommunikation der Anwendungskomponenten 18
         4.2.3.1 Asynchronität 18
         4.2.3.2 Push-Modus 19
         4.2.3.3 Publish-Subscribe 20
         4.2.3.4 Pull-Modus 21
         4.2.3.5 Kommunikationsstruktur 22
5 Vom Architekturstil zur Unternehmensanwendung –
   Konzeption einer CEP-Anwendung 24
   5.1 CEP-Konzepte 24
      5.1.1 Event Processing Agent 24
      5.1.2 Ereignismodell 25
      5.1.3 Ereignisregeln 26
      5.1.4 Event Processing Engine 27
      5.1.5 Event Processing Agent Typen 28
      5.1.6 Event Processing Network 29

5.1.7 Vorteile eines Event Processing Networks 31
5.2 Vorgehensmodell 33
    5.2.1 Vorgehen bei der Entwicklung einer CEP-Anwendung 34
5.3 E-Commerce Grundbegriffe 39
    5.3.1 Abgrenzung 39
    5.3.2 Transaktionsphasen bei E-Commerce 39
    5.3.3 Elektronische Marktplätze 40
5.4 Einsatzmöglichkeiten und Ziele von CEP im Bereich E-Commerce 41
    5.4.1 Überwachung von Artikelbeständen 41
    5.4.2 CRM – E-Personalisierung 42
    5.4.3 Erhöhung der Sicherheit in einem Online-Shop-System 43
5.5 Identifizierung der Ereignisquellen und –senken 44
5.6 Verwendete Technologien zur Implementierung der CEP-Anwendung 45
    5.6.1 Spring 45
    5.6.2 Spring Integration 45
    5.6.3 Esper 46
    5.6.4 RabbitMQ 47
5.7 Erstellung eines Ereignismodells 47
    5.7.1 Ereignisse in Esper 49
5.8 Konzeption eines Event Processing Networks 49
    5.8.1 Event Processing Agent in Esper 51
5.9 Aufbau und Formulierung von Ereignisregeln 55
5.10 Die Behandlung von komplexen Ereignissen 58
5.11 Implementierung vorgestellter Konzepte 61
    5.11.1 Administration in einer CEP-Anwendung 61
    5.11.2 Umsetzung eines dynamischen EPN 62
5.12 Installationsinstruktionen 65

6 Schlussbemerkung 66
  6.1 Konzeption und Entwicklung der CEP-Anwendung 66
  6.2 Aktueller Entwicklungsstand 67
  6.3 Ausblick 68

Literaturverzeichnis VII

Anhang XI

Abbildungsverzeichnis

Abbildung 1 Positionierung von EDA 4
Abbildung 2 Schlagworte im Umfeld von EDA und CEP 7
Abbildung 3 enge und lose Kopplung 8
Abbildung 4 „up three points" von Frank Hanley 1930 13
Abbildung 5 Sichten einer Event-Driven Architecture 15
Abbildung 6 Ereignisstrom mit mehreren Quellen und
    Ereignisobjekten unterschiedlicher Typen. 17
Abbildung 7 Typische Verteilung von Ereignissen im Push-Modus 19
Abbildung 8 Verteilung von Ereignissen im Push-Modus mit einem Ereigniskanal 20
Abbildung 9 Verteilung von Ereignissen im Pull-Modus 22
Abbildung 10 Kommunikationsstruktur einer EDA 23
Abbildung 11 Complex Events 24
Abbildung 12 Elemente eines Event Processing Agent 25
Abbildung 13 Längenfenster zum Abspeichern von Ereignissen 27
Abbildung 14 Event Processing Agent Typen 28
Abbildung 15 Ein typisches Event Processing Network 30
Abbildung 16 Prozessschritte und –Phasen einer CEP-Entwicklung 34
Abbildung 17 Beispiel für einen zusammengesetzten Kontext bestehend aus einem
    zeitlichen und segmentierten Kontext 37
Abbildung 18 E-Business im Überblick 39
Abbildung 19 Phasen bei E-Commerce 40
Abbildung 20 Die Infrastruktur, in der sich die CEP-Anwendung befindet 44
Abbildung 21 Grafische Darstellung einer XML-basierenden Konfigurationsdatei von
    Spring Integration 46
Abbildung 22 Ausschnitt aus dem Ereignismodell einer CEP-Anwendung
    für den Bereich E-Commerce 47
Abbildung 23 Sicherheitsstufen eines SecurityEvents 49
Abbildung 24 Event Processing Network der CEP-Anwendung 50
Abbildung 25 Oberfläche zur Darstellung eintreffender Ereignisse 59
Abbildung 26 Asynchrones Modell einer Web-Anwendung mittels Ajax 60
Abbildung 27 Control Bus Pattern 61
Abbildung 28 Tracking von Benutzeraktivitäten 63

Listingverzeichnis

Listing 1 Instanziierung eines Event Processing Agent mittels Esper 52
Listing 2 Implementierung eines EPA im Spring-Kontext. 53
Listing 3 Implementierung einer Subscriber-Klasse im Spring-Kontext 54
Listing 6 Esper pattern matching 56
Listing 9 Ajax PeridicalUpdater 60
Listing 11 Ein Ausschnitt der UserTackingAgent-Klasse 64
Listing 12 Befehl zum Installieren der CEP-Projekte im Maven-Repository 65

Tabellenverzeichnis

Tabelle 1 Enge und lose Kopplung 9
Tabelle 2 Kategorien der Bestandveränderungen 42

Abkürzungsverzeichnis

Ajax	Asynchronous JavaScript And XML
AMQP	Advanced Message Queuing Protocol
BAM	Business Activity Monitoring
B2B	Business-to-business
B2C	Business-to-customer
BPMN	Business Process Modeling Notation
CEP	Complex Event Processing
CRM	Customer Relationship Management
CQL	Continuous Query Language
DNT	Do-Not-Track
DI	Dependency Injection
EAI	Enterprise Application Integration
EDA	Event-Driven Architecture
EDP	Event-Driven Programming
EPA	Event Processing Agent
EPL	Event Processing Language
EPN	Event Processing Network
EQL	Event Query Language
GUI	Graphical User Interface
HTTP	Hypertext Transfer Protocol
JMS	Java Message Service
MOM	Message-oriented Middleware
POJO	Plain Old Java Object
RFID	Radio Frequency Identification
RMI	Remote Method Invocation
SOA	Service-oriented Architecture
SQL	Structured Query Language
XML	Extensible Markup Language

1 Einleitung

„The real world is mostly event-driven"[1]. Roy Schulte, der Vizepräsident und Analyst im Business Intelligence Bereich der Gartner Inc., formulierte diesen Satz während eines Vortrages zu einem Bericht, der sich mit der wachsenden Rolle von Ereignissen in Unternehmensanwendungen beschäftigt.

Das Verhalten eines Objektes, welches auf ein Ereignis reagiert, ist event-driven. Eine Person ist event-driven, wenn sie auf bestimmte Reize der realen Welt reagiert. Unternehmen sind event-driven, da sie auf vorhersehbare und unerwartete Ereignisse von Kunden und Lieferanten reagieren müssen (auf das Stornieren einer Bestellung, auf den Ausfall eines Lieferanten wegen Insolvenz, oder auf eine Gesetzesänderung). Ereignisse sind in der realen Welt allgegenwärtig und haben somit direkte Auswirkungen auf die Steuerung betrieblicher Prozesse in einem Unternehmen.[2]

Die Behandlung von Ereignissen durch Unternehmensanwendungen ist keineswegs eine neue revolutionäre Technologie. Allerdings werden Ereignisse lediglich dezentral als Aktivitäten oder Vorgänge erfasst. Somit kann die Ursache eines Ereignisses nur schwer zurückverfolgt und kausale Zusammenhänge zwischen Ereignissen nicht berücksichtigt werden.[3]

Mit Event-Driven Architecture[4] (EDA) als Architekturstil und Complex Event Processing (CEP) als Softwaretechnologie rücken Ereignisse in das Zentrum der Softwarearchitektur. Dies ermöglicht die Umsetzung von Anwendungssystemen, die Unternehmen zu mehr Agilität und Effizienz verhelfen. Ereignisse werden hierbei als Objekte behandelt, welche Beziehungen zueinander haben können. Folglich können Muster aus betrieblichen Ereignisströmen erkannt und abstrahiert werden.[5]

Angesichts des zunehmenden Konkurrenzdruckes und den stets neuen regulatorischen Auflagen, sind Unternehmen gezwungen, schnell zu reagieren und Anpassungen an ihren Geschäftszielen und -strategien vorzunehmen. Dabei liefert Business Intelligence den Entscheidungsträgern wichtige Informationen für diese Anpassungen. Jedoch basieren diese Informationen auf Daten aus der Vergangenheit. Daher werden neue Trends möglicherweise erst zu spät erkannt. Um dies zu vermeiden, ist es für Unternehmen wichtig Prozesse in Echtzeit abbilden zu können. Vor allem für den operativen Bereich ist es

---

[1] (Schulte, 2006)
[2] Vgl. (Chandy & Schulte, 2009)
[3] Vgl. (Bruns & Dunkel, 2010, S. 23)
[4] Für EDA gibt es keine deutsche Übersetzung und auch keine einheitliche Schreibweise. Daher wird fortan die folgende Schreibweise verwendet: Event-Driven Architecture
[5] Vgl. (Bruns & Dunkel, 2010, S. 3 - 5)

essentiell, den Zustand der Geschäftsprozesse in Echtzeit ablesen zu können, da mögliche Störungen negative Auswirkungen auf die Geschäftsziele haben können.[6]

Typische Fragestellungen einer EDA sind demzufolge:

- „Wie kann die Fehlleitung eines Gepäckstückes möglichst frühzeitig erkannt werden?"
- „Wie oft wurde Artikel XY in den letzten 10 Minuten verkauft?"
- „Wo befindet sich der Container ABC in diesem Augenblick?"
- „Wie kann ein Verkehrsstau möglichst früh erkannt und entsprechende Maßnahmen (z.B. Senkung der Fahrtgeschwindigkeit) durchgeführt werden?"
- „Wie können RFID-Ereignisse in Echtzeit ausgewertet werden?"

Jedes Geschäftsfeld hat ähnliche Fragen. Viele verschiedene Aspekte des Geschäftsfeldes werden davon umfasst: die Führung des Unternehmens, die Entdeckung neuer Marktchancen, der Schutz des Unternehmens oder die Einhaltung von Richtlinien. Die hierfür benötigten Informationen befinden sich bereits verteilt in den Anwendungen eines Unternehmens – und zwar in Form von Ereignissen. Die Aufgabe von EDA und CEP ist es, diese Ereignisse zu verarbeiten, um „jetzt" Antworten auf die gestellten Fragen zu erhalten.[7]

1.1   Ziel dieses Buchs

Dieses Buch widmet sich dem Thema Event-Driven Architecture im Zusammenhang mit Complex Event Processing. Sie behandelt das Thema aus drei unterschiedlichen Perspektiven, die gemeinsam eine umfassende Gesamtsicht dieser noch jungen, aber zukunftsweisenden Form von Softwarearchitektur bzw. -technologie vermitteln sollen:

1. Fachliche Sicht: Welchen Nutzen bringen EDA und CEP für ein Unternehmen?
2. Konzeptionelle Sicht: Was verbirgt sich softwaretechnisch hinter EDA und CEP?
3. Praktische Sicht: Wie kann eine CEP-Anwendung realisiert werden?

1.2   Aufbau

Kapitel 2 – Grundlagen führt in die Thematik der Ereignisverarbeitung als Architekturstil ein. Hierbei wird der Begriff „Softwarearchitektur" definiert und dessen Eigenschaften beschrieben.

---

[6] Vgl. (Bruns & Dunkel, 2010, S. 24 ff.)
[7] Vgl. (Luckham, 2012, S. 51)

Kapitel 3 – Ereignisse in betrieblichen Anwendungssystemen erläutert die fachliche Bedeutung von Ereignissen für Unternehmensanwendungen. Dabei werden auf die Unzugänglichkeiten von konventionellen Softwarearchitekturen in diesem Kontext eingegangen.

Kapitel 4 – Event-Driven Architecture konzentriert sich auf die grundlegenden Ideen, Prinzipien und Konzepte von Event-Driven Architecture. Es werden unter anderem die einzelnen Sichten und das Kommunikationsmodell einer EDA dargestellt.

Kapitel 5 - Vom Architekturstil zur Unternehmensanwendung – Konzeption einer CEP-Anwendung vertieft die konzeptionellen Inhalte aus Kapitel 3 und 4 systematisch, indem Complex Event Processing als die zentrale Technologie einer EDA vorgestellt wird. Die konkrete technische Umsetzung der präsentierten Konzepte erfolgt anhand der Open-Source-CEP-Engine Esper. Ein durchgehendes Fallbeispiel aus dem Bereich E-Commerce verdeutlicht exemplarisch, wie die vorgestellten Konzepte implementiert werden können.

Kapitel 6 - Schlussbemerkung beleuchtet den Entwicklungsstand von EDA und CEP. Dabei werden die Ergebnisse aufgezeigt, die während der Entwicklungsphase der CEP-Anwendung, erarbeitet wurden. Abschließend wird ein Ausblick auf die Entwicklung und den Einsatz von EDA und CEP gegeben.

2 Grundlagen

Im ersten Abschnitt werden einige Grundbegriffe im Zusammenhang mit einer Event-Driven Architecture erläutert, um einen Einblick in die Thematik zu erhalten.

2.1 Begriffe im Zusammenhang mit EDA

Eine Event-Driven Architecture rückt Ereignisse in das Zentrum der Softwarearchitektur. Hierbei muss jedoch darauf hingewiesen werden, dass EDA nicht als Oberbegriff für alle Applikationen, die event-driven sind, angesehen wird. Im Folgenden werden Begrifflichkeiten, vom generellen zum spezifischen, erläutert, die in Verbindung mit Ereignissen stehen.[8]

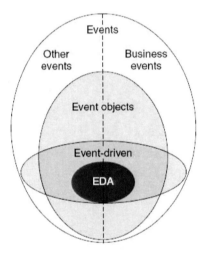

Abbildung 1 Positionierung von EDA
Quelle: (Chandy & Schulte, 2009, S. 34)

Ereignis (Event) „*Ein Ereignis kann alles sein (eine Aktivität, ein Vorgang, eine Entscheidung).*"[9] „*Generell bezieht sich ein Ereignis auf die Veränderung eines Zustandes, also typischerweise auf die Änderung des Wertes einer Eigenschaft eines realen oder virtuellen Objektes.*"[10]

Ein Ereignis kann nicht nur einen Vorgang der realen Welt repräsentieren, sondern es kann auch imaginär sein. Beispielsweise kann sich ein Autofahrer, der sich einer roten Ampel nähert, Ereignisse vorstellen, die passieren könnten, wenn er diese überfährt. Doch wenn der Autofahrer vor der Ampel hält, sind diese Ereignisse nicht real geworden –

---

[8] Vgl. (Schulte, 2006, S. 33)
[9] Vgl. (Luckham & Schulte, 2010, S. 5)
[10] Vgl. (Bruns & Dunkel, 2010, S. 48)

sie sind jedoch Ereignisse. In der Computersimulationen werden diese Ereignisse auch als virtuelle Ereignisse (virtual events) bezeichnet.[11]

Ein Ereignis ist jedoch ein zu generelles Konzept, um die Erstellung von Geschäftsprozessen oder IT-Systemen zu unterstützen. Daher wird eine Unterteilung in Geschäftsereignisse vorgenommen:

> **Geschäftsereignis (Business event)** *„Ein Geschäftsereignis spiegelt einen fachlichen Sachverhalt wider und nimmt einen unmittelbaren Einfluss auf die geschäftlichen Prozesse."*[12]

Das Stornieren einer Bestellung, das Eintreffen einer Bestellung, der Versand einer Ware oder die Unterschreitung eines vorgegebenen Schwellenwertes für den Lagerbestand einer Ware, sind Beispiele für Geschäftsereignisse, welche wiederum Bestandteile oder Auslöser von Geschäftsprozessen sind.

> **Ereignisobjekt (Event objects)** *„Ein Ereignisobjekt repräsentiert ein konkretes Ereignis."*[13]

Ein Ereignisobjekt ist die elektronische Erfassung eines Ereignisses. Die Abbildung eines Ereignisses kann in einem beliebigen Datenformat (z.B. XML oder Java) erfolgen. Dabei enthält das Ereignisobjekt wichtige Informationen über das Ereignis und dessen Entstehung. Ferner soll das Ereignisobjekt diese Informationen nicht nur speichern, sondern auch an eine ereignisverarbeitende Komponente weiterleiten.

Ein Ereignisobjekt repräsentiert die Ausprägung eines Ereignistyps. Demnach kann eine Gruppe von Ereignissen einem bestimmten Ereignistyp zugeordnet werden (siehe Abschnitt 5.1.2).

> **Ereignisgesteuert (event-driven)** *„Als ereignisgesteuert wird das Verhalten eines Systems, Geräts, Softwaremoduls oder anderer Entitäten bezeichnet, dessen Verarbeitungsprozess durch das Eintreffen eines Ereignisses von einer internen oder externen Quelle ausgelöst wird."*[14]

Event-driven ist eine Charakteristik von EDA. Doch dieses Verhalten wird auch in anderen Bereichen der Softwareentwicklung eingesetzt: Event-Driven Programming (EDP) wird in vielen Anwendungen verwendet. Damit lassen sich GUI-Anwendungen implementieren,

---

[11] Vgl. (Luckham, 2012, S. 52)
[12] (Bruns & Dunkel, 2010, S. 48)
[13] Vgl. (Luckham & Schulte, 2010, S. 5)
[14] Vgl. (Luckham & Schulte, 2010, S. 15)

die Benutzeranfragen mittels eines EventListener entgegennehmen und entsprechende Operationen durchführen.[15] Weitere Beispiele sind in der Integration von Unternehmensanwendungen[16], sowie in Entwurfsmustern wie das Observer Pattern[17], zu finden.

> ***Event-Driven Architecture (EDA)*** *„Event-Driven Architecture ist ein Architekturstil, in dem einige Komponenten ereignisgesteuert sind und die Interaktion durch den Austausch von Ereignissen erfolgt."*[18]

Dabei ist die lose Kopplung (teilweise sogar Entkopplung) der einzelnen Komponenten charakteristisch für eine EDA. Der Austausch von Ereignissen in einer EDA erfolgt in der Regel asynchron über eine message-oriented Middleware. Im Abschnitt 4.2.3 werden diese und weitere Kommunikationsmodelle in einer EDA vorgestellt. Im Zusammenhang mit EDA werden Ereignisse immer als Ereignisobjekte behandelt.

> ***Complex Event Processing (CEP)*** *„Complex Event Processing ist eine Softwaretechnologie, die es ermöglicht ereignisgesteuerte Informationssysteme zu verstehen und zu kontrollieren. Das zentrale Konzept ist hierbei die dynamische Verarbeitung von mehreren Ereignissen zur gleichen Zeit. Mit CEP ist es möglich kausale, temporale, räumliche und andere Beziehungen zwischen Ereignissen auszudrücken. Diese Beziehungen spezifizieren Muster, nach denen die Ereignismengen in Echtzeit durchsucht wird (event pattern matching)."*[19]

EDA ist demnach ein generelleres Konzept als CEP. Eine EDA ohne CEP wäre theoretisch möglich, wenn einzelne Ereignisse ohne kausale Zusammenhänge betrachtet werden. In dieser Arbeit ist der Begriff EDA jedoch immer im Zusammenhang mit CEP, als ereignisverarbeitende Technologie, zu verstehen.

2.2 Schlagworte im Umfeld von EDA und CEP

Im Jahr 2002 veröffentlichte LUCKHAM sein grundlegendes Buch: *„The Power of Events: An Introduction to Complex Event Processing in Distributed Enterprise System"*[20], indem er die grundlegenden Konzepte der Ereignisverarbeitung zusammenführt.

> *„Das Buch stellt einen wesentlichen Meilenstein für die Etablierung der Ereignisorientierung als Fachdisziplin dar".*[21]

---

[15] Vgl. (Taylor, Yochem, & Phillips, 2009, S. 65)
[16] Vgl. (Hohpe & Woolf, 2003)
[17] Vgl. (Gamma, Helm, Johnson, & Vlissides, 1994, S. 293 ff.)
[18] Vgl. (Luckham & Schulte, 2010, S. 16)
[19] Vgl. (Luckham, 2002, S. xv - xix)
[20] (Luckham, 2002)

Inzwischen haben etliche Softwarehersteller[22] professionelle Tools auf den Markt gebracht. Dadurch wurden verschiedene Schlagworte im Umfeld von EDA und CEP geprägt. Eine Auswahl dieser Schlagworte wird in der nachfolgenden Abbildung dargestellt.

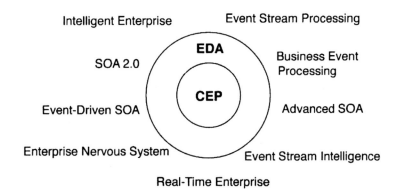

Abbildung 2 Schlagworte im Umfeld von EDA und CEP
Quelle: (Bruns & Dunkel, 2010, S. 4)

Das Grundkonzept, welches sich hinter diesen Schlagwörtern versteckt, ist immer das Gleiche: *Event-Driven Architecture* und *Complex Event Processing*.[23]

2.3 Der Begriff „Softwarearchitektur"

Der Begriff Architektur wird in der Wirtschaftsinformatik nicht einheitlich verwendet, da er in Zusammenhang verschiedener Anwendungsgebiete gebraucht wird.[24]

Für dieses Buch soll die folgende Definition einer Softwarearchitektur gelten:

> „Unter dem Begriff Softwarearchitektur versteht man eine strukturierte oder hierarchische Anordnung der Systemkomponenten, sowie die Beschreibung ihrer Beziehungen."[25]

Software ist demnach nicht als einzelne Komponente, sondern als Komposition mehrerer Teilsysteme zu verstehen. Diese Teilsysteme erfüllen gemeinsam eine Funktion für die, die Software entwickelt wurde. Ausschlaggebend für die Eigenschaften einer Softwarearchitektur sind der Grad der *Kohärenz* und der *Kopplung*.[26]

---

[21] Vgl. (Bruns & Dunkel, 2010, S. 10)
[22] Beispielsweise Oracle, CEP, IBM, Tibco, StreamBase Systems und Progress
[23] Vgl. (Bruns & Dunkel, 2010, S. 4)
[24] Vgl. (Aier, 2007, S. 103 ff.)
[25] (Balzert, 2001)
[26] Vgl. (Dunkel et al. 2008, S. 7)

2.3.1 Kohärenz

Im Zuge der Analyse eines Problems bzw. Anwendungsfalls, für den eine Softwarelösung vorgesehen ist, wird eine Aufteilung des gesamten Problemkontextes in klar abgrenzbare Teilprobleme angestrebt. Im Idealfall wird jedes Teilproblem mittels einer Teilkomponente des Anwendungssystems abgedeckt. Dies fördert die Einfachheit und Verständlichkeit eines Systems. Des Weiteren wird ein hohes Maß an Redundanzfreiheit erreicht, da sich nicht mehrere Teilsysteme mit demselben Teilproblem beschäftigen müssen. Somit ist eine *starke Kohärenz* ein angestrebtes Prinzip im Software Engineering.[27]

2.3.2 Kopplung

Der Begriff Kopplung bezieht sich auf den Prozess, Dinge zu verbinden, so wie die Glieder einer Kette. Im Bereich Softwarearchitekturen bezieht sich Kopplung auf das Maß, inwieweit Softwarekomponenten voneinander abhängig sind.[28]

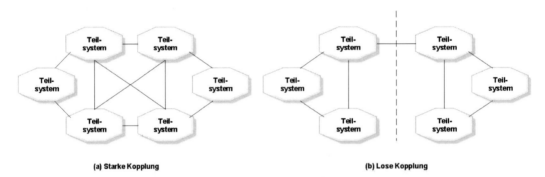

Abbildung 3 enge und lose Kopplung

In Anlehnung an: (Dunkel et al. 2008, S. 9)

Abbildung 3 (a) zeigt ein System, dessen einzelne Teilsysteme durch zahlreiche Verbindungen eng aneinander gekoppelt sind. Je höher der Umfang ist, in welchem ein System *enge Kopplung* implementiert, desto gefährdeter ist es, da Störungen, die auf Teilsysteme wirken, das gesamte System beeinflussen.[29]

Der Abbildungsteil (b) zeigt hingegen ein System mit einer *losen Kopplung*. Hierbei wird versucht die Anzahl der Schnittstellen, zwischen den einzelnen Teilsystemen, möglichst minimal zu halten. Die m:n-Zuordnung wird durch eine m:1- bzw. 1:n-Zuordnung ersetzt. Dabei erfolgt die Zuordnung indirekt über einen Vermittler (z.B. MOM). Dadurch muss

---

[27] Vgl. (Dunkel et al. 2008, S. 8)
[28] Vgl. (Krafzig, Banke, & Slama, 2007, S. 68)
[29] Vgl. (Aier & Winter, 2008, S. 3)

eine Änderung in Teilsystem A oder Teilsystem B nicht in das jeweils andere System propagiert werden.[30]

Einen Vergleich zwischen enger und loser Kopplung bietet die Tabelle 1:

Ebene	Enge Kopplung	Lose Kopplung
Physische Kopplung	Direkte physische Verbindung	Indirekte physische Verbindung (Vermittler)
Kommunikationsstil	Synchron	Asynchron
Kontrolle der Prozesslogik	Zentrale Kontrolle	Verteilte Logikkomponenten
Plattformunabhängigkeit	Starke Abhängigkeit von Betriebssystemen und Programmiersprache	Unabhängig von Betriebssystem und Programmiersprache

Tabelle 1 Enge und lose Kopplung

In Anlehnung an: (Krafzig, Banke, & Slama, 2007, S. 68)

Eine *lose Kopplung* ist besonders bei verteilten Systemen ein Qualitätsmerkmal.[31]

---

[30] Vgl. (Aier & Winter, 2008, S. 4)
[31] Vgl. (Dunkel et al. 2008, S. 9)

3 Ereignisse in betrieblichen Anwendungssystemen

Unternehmen sind event-driven, da sie auf vorhersehbare und unerwartete Ereignisse von Kunden, Lieferanten und Konkurrenten reagieren müssen. Somit beeinflussen Geschäftsereignisse wesentliche Prozesse und Entscheidungen in einem Unternehmen.[32]

Nachfolgend wird beschrieben, wie Ereignisse im Unternehmen auftreten und welche Herausforderungen bei der Ereignisverarbeitung entstehen können. Des Weiteren werden Grenzen der Ereignisverarbeitung in konventionellen Architekturstilen aufgedeckt.

3.1 Die Global Event Cloud – Herausforderungen im Umgang mit Ereignissen

LUCKHAM bezeichnet die Gesamtheit aller Ereignisse, in der sich ein Unternehmen bewegen muss, als Ereigniswolke *(Global Event Cloud)*. Er beschreibt die Wolke als ungeordnete Menge an Ereignissen, die von verschiedenen Komponenten global (via Internet) an die Unternehmensanwendung übermittelt werden. Die Ereignisse können dabei, aufgrund unterschiedlicher technologischer Kommunikationsmöglichkeiten, in einer unerwarteten zeitlichen und kausalen Reihenfolge eintreffen. Einige Ereignisse können sogar fehlen, andere können in mehrfacher Ausführung eintreffen. Die Größe dieser Ereigniswolke steigt kontinuierlich. Demnach sehen sich Unternehmen mit einer anhaltend wachsenden Anzahl auftretender Ereignisse unterschiedlichster Art konfrontiert.[33]

Die Ursachen für das stetige Wachstum der *Global Event Cloud* können in folgende Faktoren unterteilt werden:[34]

1. **Fachliche Komplexität:** Prozesse von Unternehmen sind heutzutage eng entlang der gesamten Zuliefererkette (supply chain) gekoppelt. Diese Vernetzung bedarf einer Abstimmung, damit die verschiedenen Systeme integriert werden können. Die kommunizierten Daten beinhalten eine Vielzahl von relevanten und irrelevanten *Geschäftsereignissen*, die es zu unterscheiden gilt. Dieser Komplexitätsanstieg ist auf die fortschreitende Nutzung und Möglichkeit der Informationstechnologie (besonders des Internets) zurückzuführen.

2. **Technische Komplexität** *„Nahezu jedes größere Unternehmen sieht sich mit einer komplexen, heterogenen IT-Infrastruktur konfrontiert, die über viele Jahre ge-*

---

[32] Vgl. (Bruns & Dunkel, 2010, S. 13)
[33] Vgl. (Luckham, 2002, S. 28 - 30)
[34] Vgl. (Bruns & Dunkel, 2010, S. 15 - 18)

wachsen ist."[35] Dies bezieht sich sowohl auf die unterschiedlichen hardwaretechnischen Plattformen, als auch auf die softwaretechnologischen Umgebungen. Diese Komplexität wird in den nächsten Jahren durch den Boom mobiler Endgeräte, erhöhter Sicherheitsanforderungen und dem erfassen physikalischer Daten aus der Umwelt, mittels RFID-Technologie, stark zunehmen.

Das Symbol der Wolke verdeutlicht ebenfalls, dass der Zustand eines Anwendungssystems (in Echtzeit) für den Betrachter verborgen bleibt. Deshalb können keine qualifizierten Aussagen über die Auswirkungen von auftretenden Ereignissen auf den operativen Geschäftsprozess und somit auf die Erreichung der Geschäftsziele getroffen werden. Die Anforderung an IT-Systeme ist allerdings die Fähigkeit vorherzusagen, wie bestimmte Konstellationen von Ereignissen, Geschäftsprozesse und –ziele beeinflussen.[36]

3.2 Grenzen von konventionellen Softwarearchitekturen

Die Behandlungen von Ereignissen in konventionellen[37] Softwarearchitekturen beschreibt LUCKHAM wie folgt:

> *„Enterprise Systems have a common problem: Their activities are driven by events and they produce zillions of events per hour or day. But there is no technology that enables us to view those events and activities that are going on inside these systems in way that humans can understand. To be sure, given the primitive tools we have at the moment, we can see the events. But making sense of them is the problem!"*[38]

Demnach werden Ereignisse in konventionellen Softwarearchitekturen, lediglich für grafische Benutzungsoberflächen verarbeitet. Somit findet eine wirkliche Ereignisverarbeitung nur bedingt statt. Die Ursachen hierfür, können in eine *Geschäfts-* und in eine *Technologiesicht* unterteilt werden.[39]

3.2.1 Geschäftssicht in konventionellen Architekturen

Wie bereits in Abschnitt 3.1 erläutert, haben Geschäftsereignisse einen wesentlichen Einfluss auf die Abläufe in Unternehmen. Aus fachlicher Sicht sind hierbei die folgenden Aspekte und Grenzen bemerkenswert.

---

[35] (Bruns & Dunkel, 2010, S. 15)
[36] Vgl. (Bruns & Dunkel, 2010, S. 18)
[37] Unter konventionellen Softwarearchitekturen werden alle Architekturstile zusammengefasst, die die Ereignisverarbeitung nicht als zentrales Konzept verwenden.
[38] (Luckham, 2002, S. 6)
[39] Vgl. (Bruns & Dunkel, 2010, S. 23ff.)

3.2.1.1 Betrachtung einzelner Ereignisse

Ereignisse werden nur singulär betrachtet, wodurch sich lediglich eingeschränkte Erkenntnisse gewinnen lassen. Ein einzelnes Geschäftsereignis kann einen Geschäftsprozess auslösen, etwa setzt der Eingang einer Auftragsstornierung den Prozess der Auftragsstornierung in Gang. Zwischen Ereignissen können jedoch häufig komplexe Zusammenhänge existieren. Daher müssen sie in einem Kontext betrachtet werden. Beispielsweise ergibt sich aus dem Ereignis A: „Kunde A bezahlt in Berlin mit Kreditkarte 1234" und Ereignis B: „Kunde A hebt in Kapstadt mit der Kreditkarte 1234 tausend Euro ab", die im Abstand weniger Minuten auftreten, das komplexe Ereignis „Verdacht auf Kreditkartenbetrug". Bei isolierter Betrachtung beider Ereignisse wäre der mögliche Kreditkartenbetrug erst wesentlich später erkannt worden.[40]

3.2.1.2 Vergangenheitsperspektive

Die Analyse des Unternehmenszustandes erfolgt in konventionellen Unternehmensanwendungen aus der Vergangenheitsperspektive. Typische Fragestellungen sind hierbei: „Wie hoch war der Gewinn im letzten Monat?" oder „Wie viele Besucher haben im letzten Monat etwas gekauft?". Diese Analyse erfolgt über die Abfrage erfasster Daten aus einem Datenbanksystem (diese Aufbereitung der Unternehmensdaten wird auch als Business Intelligence bezeichnet).[41]

Die Speicherung von Ereignissen in einer Datenbank ist zu langsam, es sei denn es handelt sich um eine in-Memory Datenbank, sodass keine aktuelle Sicht auf das System möglich ist.[42]

Abbildung 4 zeigt, dass die kausalen Zusammenhänge eines Ereignisses zeitlich begrenzt sein können, da sie sich durch nachfolgende Ereignisse verändern können. Selbstverständlich ist es wichtig zu erfahren, warum bestimmte Ereignisse ausgelöst wurden, jedoch ist es für moderne Unternehmen sehr viel wichtiger Vorhersagen zutreffen, die auf aktuellen Ereignissen basieren.[43]

---

[40] Vgl. (Bruns & Dunkel, 2010, S. 25 - 26)
[41] Vgl. (ebd., S. 24 -25)
[42] Vgl. (Luckham, 2012, S. 15)
[43] Vgl. (Luckham, 2012, S. 4)

Abbildung 4 „up three points" von Frank Hanley 1930
Quelle: (Hanley, 2005)

3.2.2 Technologiesicht in konventionellen Architekturen

Qualitätsmerkmale einer Softwarearchitektur, wie Erweiterbarkeit und Wartbarkeit, beeinflussen wesentlich die Möglichkeiten eines Unternehmens sich auf dem Wettbewerbsmarkt zu etablieren. Die schwache Kohärenz der Ereignisverarbeitung, eine starke Kopplung, sowie eine synchrone Kommunikation verkomplizieren die Veränderung und Erweiterung von Unternehmensanwendungen.[44]

3.2.2.1 Kommunikationsmodell

Damit ein Client einen Service aufrufen kann, muss er den Namen, die Signatur und die technische Realisierung (Nachrichtenformate, Transportprotokolle, Server ggf. Programmiersprache) des Dienstes kennen. Die Komponenten sind somit eng gekoppelt, da der Aufrufer detaillierte Kenntnisse über den Service benötigt. Durch Konzepte - wie beispielsweise die serviceorientierte Architektur - lässt sich eine *losere Kopplung* erreichen. Die Kommunikation zwischen den Komponenten erfolgt in der Regel synchron nach dem Request/Reply-Interaktionsmuster. Daraus ergibt sich, dass die sendende Komponente eine Anfrage an eine empfangende Komponente übermittelt, die die Anfrage verarbeitet

---

[44] Vgl. (Bruns & Dunkel, 2010, S. 27)

und eine Antwort an den Sender zurückschickt. Dabei muss die aufrufende Komponente solange warten, bis ein Ergebnis zurückgesendet wurde - daher synchron.[45]

3.2.2.2 Ereignisverarbeitung

"In konventionellen Architekturen ist das Wissen über die Ereignisverarbeitung nicht explizit formuliert, sondern mittels einer imperativen oder objektorientierten Programmiersprache festverdrahtet bzw. hartcodiert im Anwendungscode enthalten, demnach handelt es sich um eine implizite Form der Ereignisverarbeitung."[46]

Die Verarbeitung von Ereignissen erfolgt direkt im Quellcode und somit verteilt im gesamten Anwendungssystem bzw. in der Anwendungssystemlandschaft. Hierbei wird die schwache Kohärenz dieses Ansatzes ersichtlich, da das „Teilproblem" der Ereignisverarbeitung nicht in einer eigenen Teilkomponente behandelt wird. Das Wissen über die Ereignisverarbeitung ist zwar vorhanden, wird jedoch nicht zentral formuliert.

---

[45] Vgl. (Krafzig, Banke, & Slama, 2007, S. 49 ff.)
[46] (Bruns & Dunkel, 2010, S. 27)

4 Event-Driven Architecture

Viele ereignisgesteuerte Prozesse können nur implementiert werden, wenn das darunterliegende Anwendungssystem ereignisgesteuert ist. Ereignisgesteuerte Prozesse beruhen auf dem Erkennen von Ereignissen und dem Auslösen einer angemessenen Reaktion.[47]

"Event-driven situations are best addressed by event-driven business applications."[48]

Im Abschnitt 3.2.1 wurden die Schwächen bzw. Grenzen konventioneller Architekturen aufgezeigt. Dieser Abschnitt erläutert, wie sich diese Lücken aus geschäftlicher und technologischer Sicht schließen lassen.

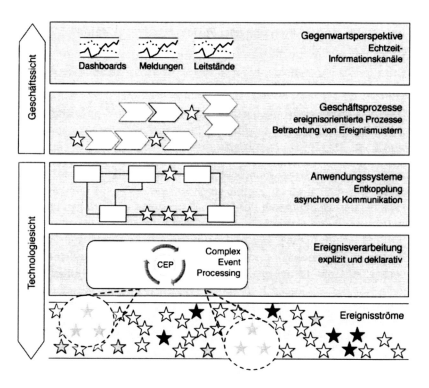

Abbildung 5 Sichten einer Event-Driven Architecture
Quelle: (Bruns & Dunkel, 2010, S. 29)

4.1 Geschäftssicht in einer EDA

Abbildung 5 ist zu entnehmen, dass sich die Geschäftssicht einer EDA in die Gegenwartsperspektive und in die Geschäftsprozesse gliedert.

---

[47] Vgl. (Bruns & Dunkel, 2010, S. 28ff.)
[48] (Schulte, 2006)

4.1.1 Echtzeit

Um unternehmerische Entscheidungen treffen zu können, benötigen die Entscheidungsträger ein realistisches Bild auf Basis aktueller Kennzahlen vom gegenwärtigen Status der Geschäftsprozesse bzw. dem Zustand des Unternehmens. EDA ermöglicht es, Daten zum Zeitpunkt ihres Auftretens auf eine zugeschnittene Abstraktionsebene zur Verfügung zu stellen. Geschäftsereignisse werden überwacht, um sie in Echtzeit (real-time) zu analysieren. Die Aktualität der Informationen ermöglicht es, in bedeutsamen Situationen, schnelle und fundierte Entscheidungen zu treffen.[49]

Hierzu bedarf es einer sogenannten BAM-Anwendung, die geschäftsrelevante Informationen, in Form grafischer Reports, für das Management aufbereitet.

4.1.2 Geschäftsprozesse

Geschäftsereignisse sind allgegenwärtig in Unternehmen und spielen eine entscheidende Rolle in der Steuerung von Geschäftsprozessen.

Ein Geschäftsprozess ist eine Menge von Aktivitäten, für die ein oder mehrere unterschiedliche Inputs benötigt werden und die für den Kunden ein Ergebnis von Wert erzeugen.[50]

4.1.2.1 Ereignisgesteuerte Geschäftsprozesse

Sämtliche Abläufe in einem Unternehmen werden maßgeblich durch Ereignisse beeinflusst. Manche Ereignisse lassen sich bereits bei der Modellierung der Geschäftsprozesse vorhersehen und im Entwurf des Prozessablaufes berücksichtigen. Daher gibt es in der Modellierungssprache BPMN 2.0 verschiedene Notationselemente, die verschiedene Ereignistypen darstellen (z.B. Timer, Nachricht oder Kompensation) können. Auch die EPK (Ereignis gesteuerte Prozesskette) impliziert die Ereignissteuerung von Prozessen.[51]

> *„Ein Geschäftsprozess lässt sich als ereignisgesteuert bezeichnen, wenn spezifische Verarbeitungsfolgen durch den Auftritt eines Ereignisses ausgelöst oder substanziell beeinflusst wird."*[52]

Folglich ergibt die ereignisgesteuerte Implementierung von ereignisgesteuerten Geschäftsprozessen signifikante Vorteile, da sie sehr realitätsnah ist.

---

[49] Vgl. (Taylor, Yochem, & Phillips, 2009, S. 101)
[50] Vgl. (Hammer & Champy, 1995)
[51] Vgl. (Bruns & Dunkel, 2010, S. 30)
[52] (Bruns & Dunkel, 2010, S. 14)

4.1.2.2 Betrachtung von Ereignismustern

Wertvolle Informationen sind nicht nur in einzelnen Ereignissen selbst enthalten, sondern vielmehr im Zusammenhang mehrerer Ereignisse. Das Erkennen von Ereignismustern aus Ereignisströmen ist eines der Hauptbestandteile einer EDA. Durch die Abstraktion zusammenhängender Ereignisse können anbahnende Störungen frühzeitig erkannt und entsprechende Maßnahmen in Echtzeit veranlasst werden.[53]

4.2 Technologiesicht in einer EDA

Im Folgenden werden die technologischen Aspekte einer EDA erläutert. Hierbei liegt der Schwerpunkt auf den Kommunikationsmodellen einer EDA.

4.2.1 Ereignisströme

Ereignisgesteuerte Systeme sind dadurch gekennzeichnet, dass sie kontinuierlich neue Ereignisobjekte unterschiedlicher Ereignistypen aus verschiedenen Quellen in die Ereignisverarbeitung einfließen lassen (siehe Abbildung 6). Ein Ereignisstrom ist eine linear angeordnete Folge von Ereignisobjekten. In der Regel sind die Ereignisse entsprechend ihrer Auftrittszeit geordnet, denn die zeitliche Reihenfolge ist oft für die Ereignisverarbeitung von entscheidender Bedeutung. Wenn in einer Ereignismenge keine vollständige, sondern nur eine teilweise Ordnung zwischen den Ereignissen vorliegt, wird auch von einer Global Event Cloud (siehe Abschnitt 3.1) gesprochen. Damit Ereignisse entsprechend ihres Auftretens verarbeitet werden können, erhält jedes Ereignis einen Zeitstempel (timestamp).[54]

Abbildung 6 Ereignisstrom mit mehreren Quellen und Ereignisobjekten unterschiedlicher Typen. Quelle: (Bruns & Dunkel, 2010, S. 90)

---

[53] Vgl. (Bruns & Dunkel, 2010, S. 32)
[54] Vgl. (Bruns & Dunkel, 2010, S. 90)

4.2.2 Ereignisverarbeitung

Die Analyse eingehender Ereignisströme und die Verarbeitung von Ereignissen erfolgt in einer EDA durch eine CEP-Komponente. In CEP wird das Wissen über die Ereignisverarbeitung deklarativ in Form von Regeln formuliert, mit denen komplexe Muster aus den Ereignisströmen erkannt werden können.[55]

Die Verbreitung von Ereignissen wird im späteren Abschnitt 5.1 genauer behandelt.

4.2.3 Kommunikation der Anwendungskomponenten

Die Kommunikation zwischen zwei Komponenten in einer EDA erfolgt durch den Austausch von Ereignissen in Form von Nachrichten (messages). Die Komponente, die die Nachricht versendet bzw. ein Ereignisobjekt erzeugt, wird als *Ereignisquelle (event source)* bezeichnet. Die Ereignisquelle leitet hierbei die Nachricht an einen Vermittler weiter, ohne zu wissen, wo und wie das Ereignis weiterverarbeitet wird. Alleine der Vermittler ist für die richtige Verteilung der Nachrichten bzw. Ereignisse verantwortlich. Komponenten, die ein Ereignis einer bestimmten Quelle verarbeiten wollen, müssen sich beim Vermittler registrieren und bekommen folglich alle Nachrichten dieser Quelle zugeteilt. Diese Komponente wird als *Ereignissenke (event sink)* bezeichnet. Eine Ereignissenke reagiert, sobald sie ein Ereignis empfangen hat. Die Ereignisquelle und die Senke kennen sich nicht. Allerdings ist eine festgelegte Semantik der Nachrichten erforderlich. Durch die geringe Abhängigkeit der Komponenten ist es möglich, Ereignissenken zu ändern oder weitere hinzuzufügen, ohne dass die Ereignisquelle dabei angepasst werden muss. Demnach ist eine EDA lose bzw. entkoppelt.[56]

Eine ereignisgesteuerte Interaktion ist eine Charakteristik der Anwendungskomponenten und nicht der Kommunikationstechnologie. Daher werden im folgenden Abschnitt die Modelle vorgestellt, mit denen die Komponenten einer EDA kommunizieren.[57]

4.2.3.1 Asynchronität

Die meisten Interaktionen in verteilten Systemen verlaufen synchron. Etwa das Aufrufen einer Website: Der Client stellt eine Anfrage an einen Server und wartet auf dessen Antwort (Request-Response). Während der Server die Antwort erstellt, sind die Prozesse des Clients blockiert. Hingegen kann der Client bei einem asynchronen Kommunikationsmuster, nachdem Versenden der Anfrage, unmittelbar mit weiteren Verarbeitungsschritten

---

[55] Vgl. (Bruns & Dunkel, 2010, S. 31)
[56] Vgl. (Bruns & Dunkel, 2010, S. 49 - 50)
[57] Vgl. (Buchmann, et al., 2004)

fortfahren. Die Anfrage wird dabei in Form einer Nachricht an die empfangende Komponente gesendet.[58]

4.2.3.2 Push-Modus

Komponenten, die Nachrichten als Kommunikationsmittel verwenden, unterscheiden sich in vielen Punkten von Request-Response Interaktionen. Die Hauptpunkte sind wie folgt zusammengefasst:[59]

- Eine Ereignisquelle erwartet keine Aktion von der Ereignissenke, wenn sie ein Ereignis versendet (*Fire-and-Forgot*).
- Ereignisse werden oftmals als *one-way* Nachricht versendet. Das heißt, die Ereignisquelle kann nach dem Versenden einer Nachricht mit weiteren Verarbeitungsschritten fortfahren, da sie nicht auf eine Antwort warten muss.

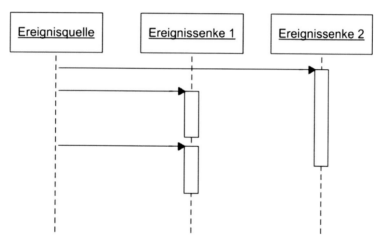

Abbildung 7 Typische Verteilung von Ereignissen im Push-Modus
In Anlehnung an: (Etzion & Niblett, 2011, S. 35)

Abbildung 7 zeigt ein UML-Sequenzdiagramm, welches die Interaktion von one-way Nachrichten darstellt. Hierbei wird die Kommunikation durch die Ereignisquelle inseriert. Die Ereignisquelle drückt (*push*) erzeugte Ereignisse zu den Ereignissenken. Dabei erstellt die Quelle für jede Senke eine Kopie eines Ereignisses bevor sie es an diese versendet. Die Verwendung des Push-Modus reduziert die Prozesslatenz in verteilten Sys-

---
[58] Vgl. (Mühl, Fiege, & Pietzuch, 2006, S. 15)
[59] Vgl. (Etzion & Niblett, 2011, S. 35)

temen, da die Quelle Ereignisse nach der Erzeugung sofort versenden kann. Dies steht im Kontrast zu Anwendungen im Pull-Modus, die im weiteren Verlauf behandelt werden.[60]

4.2.3.3 Publish-Subscribe

In einfachen Push-Anwendungen (siehe Abbildung 7) wird jedes Ereignis direkt von der Ereignisquelle an die Ereignissenke versendet. Demzufolge muss die Ereignisquelle über die Anzahl und Identität der Senken informiert sein. Hierfür werden drei Implementierungsmöglichkeiten hervorgehoben:[61]

- Das Wissen über die Ereignissenken wird statisch im Quellcode der Ereignisquelle konfiguriert.
- Die Ereignisquelle kann die Identität der Senke über eine externe Informationsressource (directory service) erfragen.
- Die Ereignissenke muss sich bei der Ereignisquelle registrieren, um Ereignisse empfangen zu können.

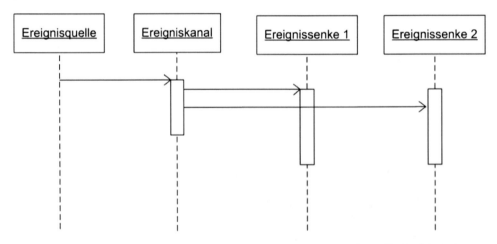

Abbildung 8 Verteilung von Ereignissen im Push-Modus mit einem Ereigniskanal
In Anlehnung an: (Etzion & Niblett, 2011, S. 37)

Diese Implementierungen haben jedoch den Nachteil, dass die Ereignisquelle mit Mehraufwand beschäftigt ist. Dies kann unterbunden werden, indem die Ereignisquelle die Verteilung von Ereignissen an eine weitere Instanz delegiert. Aus Abbildung 8 wird ersichtlich, dass die Quelle erzeugte Ereignisse an einen Ereigniskanal (event channel) versendet. Dieser Ereigniskanal ist anschließend für die Weiterleitung der Ereignisse verantwort-

---

[60] Vgl. (ebd.)
[61] Vgl. (Etzion & Niblett, 2011, S. 36)

lich. Des Weiteren lässt sich aus der Abbildung 8 ableiten, dass dieser Ereigniskanal als eigenständiger Service implementiert wird. In der Praxis kann ein Ereigniskanal folgendermaßen umgesetzt werden: [62]

- Durch die Verwendung eines Multicast Protokolls (z.B. IP Multicast).
- Durch die Verwendung eines Java Message Service (JMS) oder einer messageoriented Middleware (MOM).

Bei einem IP Multicast werden Ereignisse automatisch an diejenigen Senken übermittelt, die auf die Multicast-Adresse der Quelle lauschen.

Der Austausch von Nachrichten in ereignisgesteuerten Systemen wird typischerweise mittels einer MOM im Publish-Subscribe-Modus realisiert. Die Ereignisquelle (Publisher) schickt erzeugte Ereignisse in Form von Nachrichten an die MOM, um diese weiteren Komponenten zur Verfügung zu stellen bzw. zu publizieren. Eine oder mehrere Ereignissenken (Subscriber) können sich bei der MOM für einen bestimmten Nachrichtentyp registrieren lassen bzw. können diesen abonnieren (subscribe). Jeder Nachrichtentyp verfügt über einen eigenen Ereigniskanal (auch Queue genannt) innerhalb der MOM. Somit lässt sich sowohl eine 1:1 – als auch eine 1:n-Kommunikation realisieren. Die Verwendung des Publisher-Subscriber-Modells bringt zwei entscheidende Vorteile für die Implementierung einer EDA mit sich: [63]

- Der Client ist nicht für die erfolgreiche Weitergabe der Nachrichten verantwortlich und deckt, nach dem Prinzip der starken Kohärenz, sein Teilproblem ab.
- Die Anzahl der Senken zu Beginn der Softwareentwicklung ist oftmals nicht bekannt. Durch das Publish-Subscriber-Modell können nachträglich weitere Komponenten hinzugefügt werden, wodurch eine hohe Skalierbarkeit erreicht wird.

4.2.3.4 Pull-Modus

Interaktionen im Push-Modus über einen Ereigniskanal, sind die häufigsten Implementierungsformen von ereignisgesteuerten Anwendungssystemen. Es gibt jedoch auch einige Anwendungsfälle, in denen Interaktionen im Pull-Modus eingesetzt werden.

---

[62] Vgl. (ebd.)
[63] Vgl. (Bruns & Dunkel, 2010, S. 54)

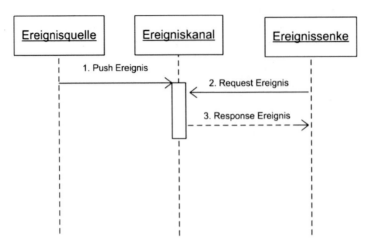

Abbildung 9 Verteilung von Ereignissen im Pull-Modus
In Anlehnung an: (Etzion & Niblett, 2011, S. 38)

Abbildung 9 zeigt die Implementierung eines ereignisgesteuerten Systems im Pull-Modus. Die Ereignisquelle sendet wie gewohnt erzeugte Ereignisse an einen Ereigniskanal. Im Pull-Modus werden die Ereignisse jedoch nicht wie gewöhnlich an die Ereignissenke weitergeleitet, sondern die Ereignissenke muss zunächst einen Request an den Ereigniskanal senden, damit dieser die Ereignisse weiterleitet.

Die folgenden Situationen sind prädestiniert für die Verwendung von Interaktionen im Pull-Modus:[64]

- Wenn eine Ereignissenke nur zeitweise zur Verfügung steht, bzw. sich nur in periodischen Abständen verbinden kann (z.B. Mobile-Geräte).

- Wenn eine Ereignissenke die Ereignisverarbeitung kontrollieren möchte, indem sie den Ereignisstrom ab- und anschalten kann.

- Wenn eine Ereignissenke aufgrund der IT-Infrastruktur von eintreffenden Ereignissen isoliert ist (z.B. wenn sich die Ereignisverarbeitung hinter einer Firewall befindet).

4.2.3.5 Kommunikationsstruktur

Die technische Implementierung des im Abschnitt 4.2.3 beschriebenen Vermittlers zwischen Ereignisquelle und Ereignissenke erfolgt in der Regel durch eine message-oriented Middleware, da sie den Anforderungen an Asynchronität, *Publish/Subscribe-Interaktion* und *Push-Modus* gerecht wird. Die asynchrone Kommunikation wird durch die Verwen-

---

[64] Vgl. (Etzion & Niblett, 2011, S. 38)

dung von Ereigniskanälen ermöglicht. Dabei repräsentiert jede Warteschlange den Typ eines Ereignisses.[65]

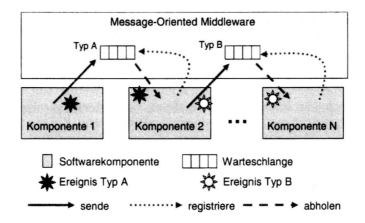

Abbildung 10 Kommunikationsstruktur einer EDA
Quelle: (Dunkel et al. 2008, S. 123)

Abbildung 10 visualisiert die Struktur einer EDA: Komponente 1 sendet ein Ereignis vom Typ A als Nachricht an die Warteschlange des Typs A der MOM. Nachdem die Komponente 1 die Ereignisnachricht versendet hat, kann sie ohne zu warten, also asynchron, mit weiteren Verarbeitungsschritten fortfahren. Jede Komponente, die sich bei der Middleware für Ereignisse dieses Typs registriert hat, wird über den Ereigniseingang informiert. Bei der Verarbeitung des Ereignis Typs A kann ein Muster erkannt werden, woraus ein neues Ereignis vom Typ B resultiert. Dieses Ereignis wird an die entsprechende Warteschlange der MOM gesendet und an die für diesen Ereignistyp registrierten Komponenten weitergeleitet. Somit ist eine beliebig lange Kette von ereignisverarbeitenden Komponenten und Ereigniskanälen möglich.[66]

---

[65] Vgl. (Dunkel et al. 2008, S. 122)
[66] Vgl. (Dunkel et al. 2008, S. 123)

5 Vom Architekturstil zur Unternehmensanwendung – Konzeption einer CEP-Anwendung

In diesem Teil des Buchs wird die Konzeption der CEP-Anwendung, nach einem einleitenden Vorgehensmodell, vorgestellt. Zuvor werden noch einige CEP-Konzepte und Begriffe im Zusammenhang mit dem E-Commerce erläutert.

5.1 CEP-Konzepte

Complex Event Processing (CEP) ist eine Softwaretechnologie, die es ermöglicht ereignisgesteuerte Anwendungssysteme zu verstehen und zu kontrollieren. Dabei ist ein komplexes Ereignis (Complex Event) die Abstraktion von aufgetretenen, einfachen Ereignissen.[67]

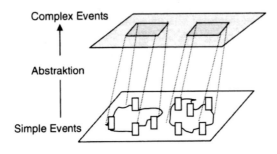

Abbildung 11 Complex Events
Quelle: (Dunkel et al. 2008, S. 132)

Ein Beispiel für die in Abbildung 11 dargestellte Abstraktion von Simple Events zu Complex Events ist im Wertpapierhandel zu finden. Viele, einfache Kursänderungsereignisse werden auf ein komplexes Kauf- oder Verkaufsereignis abgebildet.

5.1.1 Event Processing Agent

Die Ereignisverarbeitung einer EDA wird mittels CEP implementiert. CEP erfordert den Einsatz von fortgeschrittenen Ereignisregelinterpretern, sowie Sprachen und Techniken zur Definition und Erkennung von Ereignismustern.[68]

LUCKHAM bezeichnet eine CEP-Komponente auch als *„Event Processing Agent"*.[69]

---

[67] Vgl. (Luckham, 2002, S. xv)
[68] Vgl. (Bruns & Dunkel, 2010, S. 65)
[69] Vgl. (Luckham, 2002, S. 175 ff.)

Event Processing Agent (EPA) bzw. CEP-Komponente Ein Event Processing Agent ist ein Softwaremodul, das Ereignismuster aus einem Strom von Ereignissen erkennt und komplexe Ereignisse verarbeitet.[70]

Dabei kann ein EPA sowohl Ereignisse konsumieren, als auch neue komplexere Ereignisse erzeugen. Ein EPA wird jedoch nicht als Ereignisquelle oder –senke bezeichnet, da diese Begriffe für Komponenten außerhalb einer CEP-Anwendung reserviert sind.[71]

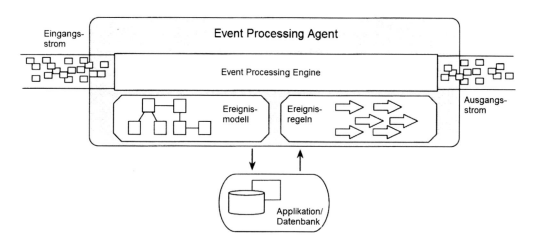

Abbildung 12 Elemente eines Event Processing Agent
Quelle: (Bruns & Dunkel, 2010, S. 66)

Die Abbildung 12 zeigt die grundlegenden Elemente eines EPA, die in den nächsten Abschnitten erläutert werden.

5.1.2 Ereignismodell

Das Ereignismodell oder auch „*Event Specifiaction*"[72] beschreibt die möglichen Typen von Ereignissen, d.h. die unterschiedlichen Arten von Ereignissen im betrachteten Anwendungskontext, mit ihren Eigenschaften sowie den Beziehungen und Abhängigkeiten zwischen den Typen. Hierbei kann eine Ereignis-Hierarchie definiert werden: Von einem abstrakten Ereignistyp, der allgemeine Metadaten (ID, Zeitstempel usw.) enthält, können konkrete Ereignistypen abgeleitet werden.[73]

---

[70] Vgl. (Luckham & Schulte, 2010, S. 13)
[71] Vgl. (Etzion & Niblett, 2011, S. 42)
[72] Vgl. (Dunkel et al. 2008, S. 126)
[73] Vgl. (Bruns & Dunkel, 2010, S. 67)

Ereignistyp Ein Ereignistyp (event type, event definition oder event shema) spezifiziert die grundlegenden Eigenschaften einer Klassen von Ereignissen.[74]

Die präzise Definition der Ereignisse ist notwendig, um diese automatisch verarbeiten und zwischen anderen Komponenten austauschen zu können. Dabei muss ein Ereignis die vollständigen Informationen mit sich führen, die für die weitere Verarbeitung bedeutsam sein können.[75]

5.1.3 Ereignisregeln

Auf Basis des Ereignismodells werden Regeln zur Verarbeitung von Ereignissen, beispielsweise eine Transformation in andere Ereignistypen, das Filtern und Aggregieren von Ereignissen, sowie das Erzeugen neuer Ereignisse, formuliert. Eine Ereignisregel definiert Aktionen, welche ausgeführt werden, wenn ein definiertes Muster in einem Ereignisstrom erkannt wird. Sie besteht somit aus einem Bedingungsteil, der als Bedingung ein Muster (pattern) von zusammenhängenden Ereignissen enthält, und einem Aktionsteil, der eine oder mehrere auszuführende Aktionen beschreibt.[76]

Für die Beschreibung der Ereignismuster und –regeln stehen spezielle Sprachen zur Verfügung, sogenannte EPLs (event pattern languages[77] bzw. event processing language[78]) oder auch CQLs (continous query languages[79]).

Ein Beispiel für eine einfache EPL ist Rapid-EPL, die im Buch von LUCKHAM vorgestellt wird. Mittels der Operatoren and, or, not und -> können Ereignismuster wie folgt definiert werden:[80]

- A and B and not C: Die Regel wird ausgeführt, wenn ein Ereignis A und B aber kein Ereignis C im Ereignisstrom aufgetreten ist.
- (A or B) -> C: Die Regel wird ausgeführt, wenn zuerst das Ereignis A oder B und dann das Ereignis C aufgetreten ist.

Derzeit existiert noch kein Standard zur formalen Beschreibung von Ereignissen und den darauf aufbauenden Mustern und Regeln.[81] Daher besteht eine Vielzahl verschiedener EPLs. Etwa die CQL, eine SQL ähnliche Query-Language. Im weiteren Verlauf wird die

---

[74] Vgl. (Luckham & Schulte, 2010, S. 6)
[75] Vgl. (Dunkel et al. 2008, S. 127)
[76] Vgl. (Dunkel et al. 2008, S. 128)
[77] Vgl. (Luckham, 2002, S. 346-347)
[78] Vgl. (Luckham & Schulte, 2010, S. 13)
[79] Vgl. (Arasu, Babu, & Widom, 2003)
[80] Vgl. (Luckham, 2002, S. 146 ff.)
[81] Vgl. (Bruns & Dunkel, 2010, S. 68)

CQL der Open-Source-Engine Esper[82], zur Implementierung der CEP-Anwendung, vorgestellt und angewendet.

Wenn die Daten in den Ereignissen (payload) für die Verarbeitung nicht ausreichen, so müssen diese durch *Kontextwissen* angereichert werden.[83] Abbildung 12 deutet den Zugriff auf ein *Global State Element* an. *Ein Global State Element* kann beispielsweise eine Datenbank oder ein externer Service sein.[84]

5.1.4 Event Processing Engine

Den Kern der eigentlichen Ereignisverarbeitung bildet ein Regelinterpreter (event processing engine), der die Ereignisdaten lädt und die darauf definierten Ereignisregeln ausführt. Für die *Mustererkennung* können auch Ereignisse aus der Vergangenheit relevant sein, daher müssen die Ereignisse permanent im Arbeitsspeicher vorgehalten werden. Jedoch lassen sich nicht alle Ereignisse abspeichern, weil deren Anzahl enorm anwachsen kann – z.B. die Aktienkursänderungen des letzten Jahres. Deshalb werden Ereignisse in einem gewissen Intervall (Zeit- oder Längenfenster) betrachtet.[85]

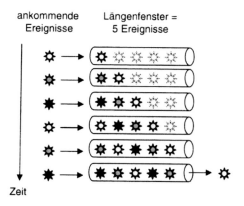

Abbildung 13 Längenfenster zum Abspeichern von Ereignissen
Quelle: (Dunkel et al. 2008, S. 129)

Abbildung 13 veranschaulicht ein Längenfenster mit einem Puffer der Länge 5. Kommt bei einem vollem Puffer ein neues Ereignis an, so wird das älteste Ereignis gemäß einer First-In-First-Out-Strategie aus dem Puffer geschoben.

---

[82] Vgl. (EsperTech, EsperTech: Event Stream Intelligence, 2006)
[83] Vgl. (Bruns & Dunkel, 2010, S. 68)
[84] Vgl. (Etzion & Niblett, 2011, S. 138-139)
[85] Vgl. (Dunkel et al. 2008, S. 128-129)

In einem Zeitfenster hat jedes Ereignis eine bestimmte Gültigkeitsdauer. Wenn diese abgelaufen ist, wird es aus dem Speicher entfernt.

Im Abschnitt 5.9 wird gezeigt, wie die sogenannten *Sliding Windows* mittels Esper implementiert werden können.

Neben der Open-Source-Engine Esper gibt es eine Reihe kommerzieller Anbieter: StreamBase[86], Tibco[87], IBM[88] und Oracle CEP[89].

5.1.5 Event Processing Agent Typen

Gemäß dem Prinzip der starken Kohärenz ist es sinnvoll, eine Aufteilung des gesamten Problemkontextes in klar abgrenzbare Teilprobleme vorzunehmen. Dies gilt auch für die Aufgabenbereiche eines EPA – jeder EPA sollte eine ereignisverarbeitende Funktion ausführen (beispielsweise Event Filtering oder Event Splitting). Somit ergeben sich verschiedene Typen von EPAs, die in Abbildung 14 hierarchisch dargestellt sind.[90]

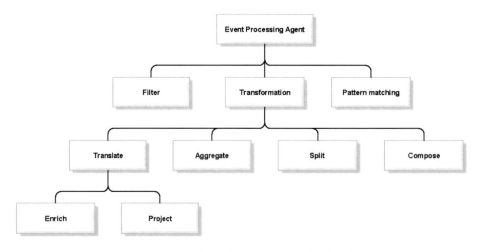

Abbildung 14 Event Processing Agent Typen
In Anlehnung an: (Etzion & Niblett, 2011, S. 123)

Dabei sind EPA, Transformation und Translate abstrakte Typen. Die vorgenommene Typisierung ist jedoch nicht obligatorisch, da auch eine Überlappung der Typen auftreten kann. In einigen Anwendungen müsste die Typisierung sogar noch erweitert werden. Bei-

---

[86] (StreamBase)
[87] (TIBCO)
[88] (IBM)
[89] (Oracle: Oracle Complex Event Processing)
[90] Vgl. (Etzion & Niblett, 2011, S. 122)

spielsweise für EPAs, die *machine learning* Techniken anwenden, um neue Events zu klassifizieren.[91]

Eine umfassende Übersicht aller EPA-Typen bzw. Verarbeitungsoperationen bietet die Ereignisalgebra von BRUNS und DUNKEL.[92]

5.1.6 Event Processing Network

Die Ereignisverarbeitung in einer CEP-Anwendung lässt sich als Abfolge einzelner Verarbeitungsschritte darstellen, die von jeweils einer CEP-Komponente (EPA) ausgeführt werden. Dies kann grafisch durch ein Event Processing Network (EPN) beschrieben werden. Ein EPN ist ein Netzwerk, das aus mehreren EPAs gebildet wird. Der Ausgangsstrom eines EPAs dient als Eingabestrom einer oder mehrerer weiterer Komponenten. Ein einzelner EPA übernimmt dabei nur eine oder nur wenige Funktionen zur Ereignisverarbeitung (siehe Abschnitt 5.1.5 Ereignistypen).[93]

> **Event Processing Network (EPN)** Ein Event Processing Network ist eine Menge von Event Processing Agents, die durch Ereigniskanäle miteinander verbunden sind.[94]

Dabei kann ein EPN entweder *statisch* oder *dynamisch* sein. Bei einem *dynamischen* Netzwerk ist es möglich, vorhandene EPAs zu entfernen oder neue hinzuzufügen. Das dynamische Netzwerk wird durch Muster der Ereignisregeln im Netzwerk kontrolliert. Bei einem *statischen* Netzwerk sind die Komponenten und Ereigniskanäle fest vorgegeben und lassen sich zur Laufzeit nicht mehr ändern.[95]

---

[91] Vgl. (Etzion & Niblett, 2011, S. 123)
[92] Vgl. (Bruns & Dunkel, 2010, S. 110 ff.)
[93] Vgl. (Dunkel et al. 2008, S. 131-132)
[94] Vgl. (Luckham & Schulte, 2010, S. 15)
[95] Vgl. (Bruns & Dunkel, 2010, S. 69) und (Luckham & Schulte, 2010, S. 15)

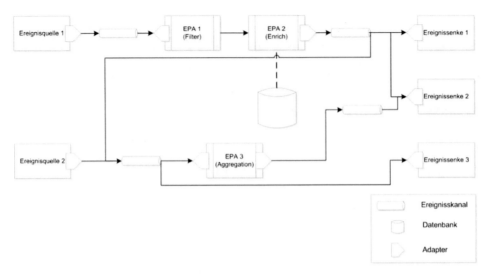

Abbildung 15 Ein typisches Event Processing Network
In Anlehnung an: (Etzion & Niblett, 2011, S. 116) und (Dunkel, et al. 2008, S. 132)

Abbildung 15 zeigt eine typische Struktur eines EPN mit verschiedenen Komponenten (Ereignisquelle, Ereigniskanäle und Ereignissenke), die bereits vorgestellt wurden. Das abgebildete EPN empfängt Ereignisse aus zwei unterschiedlichen Quellen. Die Ereignisse können jedoch in verschiedenen Formaten vorliegen, sodass diese vor und nach der Ereignisverarbeitung transformiert werden müssen. Diese Aufgabe übernehmen sogenannte Adapter.

> **Adapter** „*Ein Adapter überbrückt die konzeptuellen Lücken zwischen Services und ihren Clients und passt Semantiken an.*"[96]

Die Aufgabe eines CEP-Adapters ist es, Ereignisse einer Quelle in die Datenstruktur der CEP-Infrastruktur zu transformieren und diese an die entsprechende CEP-Komponente (EPA) weiterzuleiten. Dabei können Adapter so konfiguriert werden, dass sie nur bestimmte Ereignistypen weiterleiten (diese Funktion wird auch als *sniffing* bezeichnet). [97]

Das Transformieren eines Datenformates in ein anderes Format wird auch als *marshalling* bzw. *unmarshalling* bezeichnet.[98]

Somit transformiert der In-Adapter am EPA 1 eintreffende Ereignisse in das interne Ereignisformat des EPN, sodass alle Ereignisse für die weitere Verarbeitung im kompatiblen Format vorliegen. Nicht jedes eintreffende Ereignis ist für ein Anwendungsproblem von Interesse, daher ist es die Aufgabe des EPA 1 irrelevante Ereignisse zu filtern. Wenn bei-

---

[96] (Krafzig, Banke, & Slama, 2007, S. 111)
[97] Vgl. (Luckham, 2002, S. 336-337)
[98] Vgl. (Illik, 2007, S. 102)

spielsweise ein RFID-Lesegerät denselben RFID-Transponder innerhalb weniger Sekunden mehrmals liest (Mehrfachlesungen). Filter-EPAs sind in der Regel einfach gehalten und erhalten somit keine rechenintensiven EPLs. Die gefilterten Ereignisse werden im nächsten Schritt an eine weitere EPA übermittelt. Dies geschieht durch einen Ereigniskanal, der zur Übersichtlichkeit nicht abgebildet ist. Zwischen EPA 1 und EPA 2 befinden sich keine Adapter, da die Ereignisse bereits im einheitlichen Format vorliegen. EPA 2 ist ein EPA vom Typ *Enrich*. Dieser reichert die eintreffenden und gefilterten Ereignisse mit *Kontextwissen* aus einer Datenbank an. Daraus ergeben sich neue Ereignisse, sogenannte *Derived Events*[99]. Ein *Derived Event* ist ein Ereignis, welches durch die Verarbeitung eines oder mehrerer Ereignisse generiert wurde – und zwar innerhalb eines EPA. Anschließend werden die *Derived Events* mittels eines Ereigniskanals an eine Ereignissenke (z.B. an ein BAM-Service zur Auswertung oder an ERP-System zur weiteren Verarbeitung) und an einen weiteren EPA gesendet. Der EPA 3 aggregiert eintreffende Ereignisse zu einem *Derived Event* (beispielsweise mehrere RFID-Ereignisse desselben RFID-Transponders, die an verschiedenen RFID-Lesegeräten erfasst wurden, zu einem Bewegungsereignis) und übermittelt diese an einen Ereigniskanal. Von dort aus werden die aggregierten Ereignisse an weitere Ereignissenken vermittelt.[100]

Anhand der Definition eines Event Processing Networks und der Beschreibung der Struktur, ergibt sich die Definition einer CEP-Anwendung:

> *„Eine CEP-Anwendung besteht aus einem Netzwerk von interagierenden, leichtgewichtigen Event Processing Agents bzw. CEP-Komponenten."*[101]

Aufgrund der eingeschränkten Regelmenge eines EPA, kann dieser auch als leichtgewichtig bezeichnet werden.[102]

Zur Übersichtlichkeit kann die grafische Darstellung von komplexen EPNs in *Nested Event Processing Networks* erfolgen. Dabei werden Gruppierungen von EPAs in *Subviews* verschachtelt – ähnlich wie beim Subprozess eines BPMN-Workflows.[103]

5.1.7 Vorteile eines Event Processing Networks

Die Verarbeitung von Ereignissen in kleineren Schritten, durch ein EPN, dient zur Reduzierung der Komplexität, der zu lösenden Problemstellung, und macht die Ereignisverarbeitung transparenter.[104]

---

[99] Vgl. (Luckham & Schulte, 2010, S. 9)
[100] Vgl. (Etzion & Niblett, 2011, S. 116-117) und (Dunkel et al. 2008, S. 132-133)
[101] Vgl. (Bruns & Dunkel, 2010, S. 69)
[102] Vgl. (ebd.)
[103] Vgl. (Etzion & Niblett, 2011, S. 118)

> „*Event processing systems must be designed from the beginning to be evolutionary. They must be rapidly reconfigurable to accept more types of event inputs and produce more types of outputs.*"[105]

Das Konzept eines Netzwerks von EPAs löst die Anforderungen an eine CEP-Anwendung, durch die folgenden zwei etablierten Qualitätskriterien aus dem Software Engineering:

1. starke Kohäsion
2. lose Kopplung

Da leichtgewichtige EPAs einen klar abgegrenzten Verantwortungsbereich für eine fachliche Aufgabe besitzen, hat das Netzwerk eine starke Kohäsion. Eine starke Kohäsion ist die Voraussetzung für die Minimierung der Abhängigkeiten zwischen Komponenten und unterstützt somit eine lose Kopplung. Diese Eigenschaften ermöglichen eine *dynamische Erweiterung* von EPNs, durch das Hinzufügen neuer EPAs. Diese können wiederum neue Ereignistypen, die im Laufe der Zeit hinzugefügt wurden, verarbeiten.[106]

Aufgrund der Netzstruktur eines EPN ist es möglich, die EPAs auf verschiedene Server zu verteilen. Dies ermöglicht eine bessere Skalierbarkeit bei Performance-Problemen.[107]

Die grafische Darstellung eines EPNs ergibt weitere Vorteile für die Entwickler und Endbenutzer:[108]

- Entwickler und Endbenutzer können einem System mehr vertrauen, indem der Ereignisfluss explizit und grafisch dargestellt ist.

- Die explizite Repräsentation eines EPNs ermöglicht den Einsatz von Analyse-Techniken um mögliche Probleme, unerwartetes Verhalten und Widersprüche aufzudecken.

- Dies erleichtert auch die Durchführung von Performanceoptimierungen, da die Prozesse eines EPAs während der Laufzeit analysiert werden können.

---

[104] Vgl. (Bruns & Dunkel, 2010, S. 70)
[105] Vgl. (Luckham, 2012, S. 166)
[106] Vgl. (Bruns & Dunkel, 2010, S. 71)
[107] Vgl. (Bruns & Dunkel, 2010, S. 143)
[108] Vgl. (Etzion & Niblett, 2011, S. 121)

5.2 Vorgehensmodell

Ein Vorgehensmodell zur Software-Entwicklung (auch als Software-Lebenszyklus bezeichnet) ist ein strukturierter Plan mit zeitlichen und sachlichen Vorgaben. Es legt die Reihenfolge einzelner Schritte mit ihren jeweiligen Ergebnissen fest.[109]

Somit bildet ein Vorgehensmodell ein einheitliches Rahmenwerk für die Ablaufplanung eines Software-Projektes, wie sie beispielsweise durch die ISO/IEC 12207[110] oder durch das „Software-Engineering Body of Knowledge"[111] definiert sind.

Grundsätzlich ist es ebenso möglich, Software ohne ein Konzept zu entwickeln. Das Software-Produkt wird jedoch durch sehr viele unkontrollierte Änderungen im Laufe der Zeit schnell unübersichtlich und schlecht wartbar. Dies kann zu einem enormen Kostenfaktor für Unternehmen führen. Aufgrund dieser Nachteile ist es wichtig Projekte nach einem definierten Vorgehensmodell zu entwickeln.[112]

Die Hauptziele eines Vorgehensmodells können wie folgt festgehalten werden:[113]

- Steigerung der Produktqualität,
- Steigerung der Kosten- und Zeiteffizienz,
- Reduzierung der Prozessrisiken und
- damit insgesamt eine Erhöhung der Erfolgswahrscheinlichkeit.

Der klassische Softwareentwicklungsprozess gliedert sich typischerweise in die Phasen: Analyse, Entwurf, Implementierung und Test. In der konventionellen Softwareentwicklung kommen diese Phasen in unterschiedlichen Modellen (Bsp. Wasserfall oder V-Modell) zum Einsatz. Dieser klassische Ansatz passt jedoch nicht auf die Entwicklung von ereignisgesteuerten Anwendungen.[114]

Daher werden im nachfolgenden Abschnitt grundlegende Schritte und Vorgehensmodelle, zur Entwicklung einer CEP-Anwendung, vorgestellt.

---

[109] Vgl. (Helmke, Höppner, & Isernhagen, 2007, S. 170)
[110] (IEEE, 2008)
[111] (IEEE, Guide to the Software Engineering Body of Knowledge (SWEBOK))
[112] Vgl. (Schatten et al. 2010, S. 12)
[113] Vgl. (Bruns & Dunkel, 2010, S. 214)
[114] Vgl. (Bruns & Dunkel, 2010, S. 216)

5.2.1 Vorgehen bei der Entwicklung einer CEP-Anwendung

BRUNS und DUNKEL unterteilen die Erstellung einer CEP-Anwendung in folgende Schritte:[115]

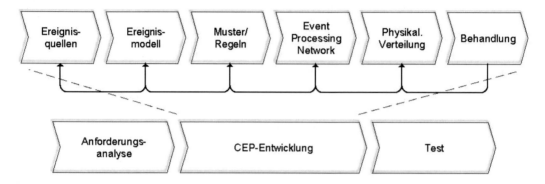

Abbildung 16 Prozessschritte und –Phasen einer CEP-Entwicklung
In Anlehnung an: (Bruns & Dunkel, 2010, S. 217)

1. Schritt: Ereignisquellen
   Ausgangslage für die Entwicklung einer ereignisgesteuerten Anwendung ist die Bestimmung der Ereignisquellen und der von diesen erzeugten Ereignistypen. Dabei handelt es sich in der Regel um einfache Ereignistypen, die im weiteren Verlauf verarbeitet werden müssen.

2. Schritt: Ereignismodellierung
   Ausgehend von den einfachen Ereignissen der Quelle, definiert der nächste Schritt die temporalen, räumlichen und kausalen Beziehungen, die zwischen den Ereignistypen bestehen. Aus diesen Beziehungen lassen sich Ereignisse einer höheren Abstraktionsebene ableiten, sogenannte komplexe Ereignistypen (complex event types). Das Resultat ist eine Hierarchie von Ereignistypen und ihren Beziehungen auf unterschiedlichen Abstraktionsebenen.

3. Schritt: Muster und Regeln
   Mithilfe einer EPL und dem definierten Ereignismodell können relevante Ereignisregeln formuliert werden. Dabei werden Verarbeitungsschritte spezifiziert, um einfache Ereignisse in komplexe Ereignisse zu transformieren.

---

[115] Vgl. (Bruns & Dunkel, 2010, S. 213 ff.)

4. Schritt: Event Processing Network
Entscheidend für den Netzwerkentwurf ist die Zerlegung des Anwendungsproblems in kleinere Teilprobleme. Die im vorangegangenen Schritt beschriebenen Ereignisregeln werden in kohärente Gruppen (EPAs) strukturiert, die anhand von Ereigniskanälen verknüpft werden.

Die Reihenfolge zwischen den Prozessschritten 4 (Muster/Regeln) und 5 (EPN) können auch vertauscht werden. In diesem Fall wird zunächst die logische Struktur der Ereignisverarbeitung beschrieben. Anschließend werden die dafür notwendigen Ereignismuster und -regeln definiert.

5. Schritt: Physikalische Verteilung
Die einzelnen EPAs eines Event Processing Networks lassen sich bei Bedarf physikalisch verteilen. Für die Verteilung der einzelnen Komponenten müssen verschiedene Anforderungen (beispielsweise ein Verteilungsmodell mit allen Hard- und Softwarekomponenten) herausgearbeitet werden. Weitere typische Anforderungen sind die Struktur der Ereignisquellen, Performance-Bedingungen und die Skalierbarkeit.

6. Schritt: Ereignisbehandlung
Schließlich wird die Ereignisbehandlung in den nachgelagerten Anwendungssystemen realisiert. Die beim Auftreten eines Ereignismusters ausgeführten Aktionen müssen implementiert werden, sodass sie durch die CEP-Anwendung angestoßen werden.

Durch die rückläufigen Pfeile (in Abbildung 16) wird angedeutet, dass keine strenge sequenzielle Abfolge der einzelnen Prozessschritte vorgenommen werden kann. Beispielsweise können sich bei der Realisierung der Ereignisbehandlung neue Ereignistypen ergeben. Demzufolge muss das Ereignismodell angepasst werden, damit wieder neue Ereignisregeln formuliert werden können.

Das Vorgehensmodell von ETZION und NIBLETT unterteilt die einzelnen Schritte in Building Blocks auf. Dabei gibt es jedoch keine festgelegte zeitliche Reihenfolge, in der die einzelnen Blocks implementiert werden müssen. Ein Building Block repräsentiert ein CEP-Konzept und beschreibt, wie dieses Konzept plattformunabhängig implementiert werden kann. Wenn eine CEP-Anwendung mit einem bestimmten Tool umgesetzt werden soll, können die Elemente der Building Blocks in die plattform-spezifische Sprache übersetzt werden. Die Building Blocks stellen somit ein abstraktes Modell, zur Implementierung eines CEP-Konzepts für einen bestimmten Anwendungsfall, dar.[116]

1. Block: Definition der Ereignistypen

    Der erste *Building Block* beschreibt die einzelnen Ereignistypen und Ihre Beziehungen. Wichtige Elemente eines Ereignistyps sind hierbei:
    - Header Attribute (Ereignis Identifikation und Ereignistyp Definition)
    - Payload Attribute (Typspezifische Attribute)
    - Beziehungen (Generalisierung, Spezialisierung usw.)

2. Block: Bestimmung der Ereignisquellen

    Dabei werden Ereignisquellen mit den folgenden Elementen dargestellt:
    - Ereignisquellen-ID: eine eindeutige Bezeichnung der Ereignisquelle.
    - Ereignisquellen Kategorie: deutet die Zugehörigkeit der Ereignisquelle zu einem bestimmten Typ (beispielsweise eine Softwarekomponente oder ein RFID-Lesegerät) an.
    - Annotation: optional und beinhaltet weitere Informationen zur Ereignisquelle.
    - Output-Adapter: welche Ereignistypen werden erzeugt und an welche Ereigniskanäle werden diese übergeben?

3. Block: Festlegung der Ereignissenken

    Hierbei wird zwischen den anschließenden Elementen unterschieden:
    - Ereignissenken-ID: eine eindeutige Bezeichnung der Ereignissenke.
    - Ereignissenken Kategorie: deutet die Zugehörig der Ereignissenke zu einem bestimmten Typ (beispielsweise ein Dashboard oder ein ERP-System) an.
    - Annotation: optional und beinhaltet weitere Informationen zur Ereignisquelle.
    - Input-Adapter: welche Ereignistypen werden empfangen und von welchen Ereigniskanälen kommen diese?

4. Block: Aufteilung in Event Processing Agents
    - EPA-ID: eine eindeutige Bezeichnung des EPA.
    - EPA-Typ: der EPA-Typ bestimmt somit gleich die Funktion des EPA.
    - Input-Adapter: welche Ereignistypen werden verarbeitet?

---

[116] Vgl. (Etzion & Niblett, 2011, S. 20 ff.)

- Out-Adapter: welche Ereignistypen werden weitergeleitet oder auch neu erzeugt?
- Beziehungen: zum Kontext, zu Global State Elementen.

5. Block: Konfiguration der Ereigniskanäle
   - Ereigniskanal-ID: eine eindeutige Bezeichnung des Ereigniskanals.
   - Routing-Schema: das Schema, nach dem der Ereigniskanal die Ereignisse verteilen soll (beispielsweise nach Ereignistypen).
   - Qualität: wird hierbei in Sicherheit und Performance unterteilt.

6. Block: Definition der Global State Elemente
   - Global State Elemente-ID: eine eindeutige Bezeichnung des Global State Elements.
   - Global State Elemente Typ: beschreibt den Typ des Global State Elements (beispielsweise eine Datenbank oder ein Webservice).
   - Metadaten: beschreiben die Organisation der Datenstruktur (relational, hashtable usw.).

7. Block: Abgrenzung von Ereigniskontexten

   Ein Kontext besteht aus einer oder mehrerer Dimensionen und ist eine Spezifikation von Bedingungen, die Ereignisse in verschiedene Instanzen gruppiert. Ein Kontext kann zeitlich (temporal), räumlich (spatial), anhand eines Ereignisattributes (segmentation-oriented) oder zusammengesetzt (composite) sein.

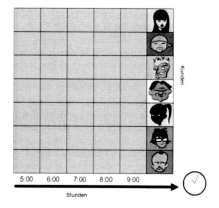

Abbildung 17 Beispiel für einen zusammengesetzten Kontext bestehend aus einem zeitlichen und segmentierten Kontext. In Anlehnung an (Etzion & Niblett, 2011, S. 164)

Abbildung 17 zeigt ein Beispiel für einen zusammengesetzten Kontext, bestehend aus einem zeitlichen Kontext (in Stunden) und einem segmentierten Kontext (einem Kunden). Jedes Kästchen illustriert eine separate Gruppe (context partition) im zusammengesetzten Kontext (beispielsweise alle Ereignisse eines Kunden XY zwischen sieben und acht Uhr). Technisch kann dieser Kontext durch ein *Sliding Window* und dem Abfrageelement *group by* implementiert werden (siehe Abschnitt 5.9).

Die Aufgabe eines Kontext Building Blocks ist es, die zu betrachtenden Kontexte durch die folgenden Elemente zu beschreiben:

- Kontext-ID: Eine eindeutige Bezeichnung des Kontextes
- Kontextdimension: zeitlich (temporal), räumlich (spatial), segmentiert (segmentation-oriented)

5.3 E-Commerce Grundbegriffe

Zur besseren Verständlichkeit der Fallstudie, werden in diesem Abschnitt einige Grundbegriffe des E-Commerce erläutert.

5.3.1 Abgrenzung

Electronic Business (E-Business) ist die integrierte Ausführung aller elektronisch unterstützbaren Geschäftsprozesse innerhalb eines Unternehmens und zwischen Unternehmen mit Hilfe von Informations- und Kommunikationstechnologien, insbesondere unter Nutzung der Internettechnologie.[117]

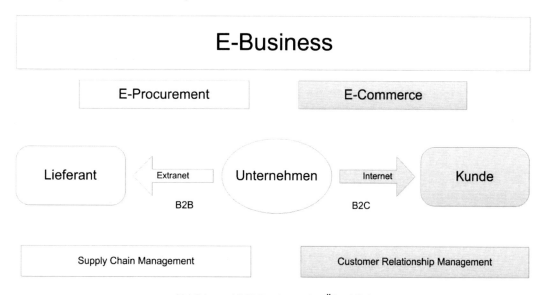

Abbildung 18 E-Business im Überblick
In Anlehnung an: (Schubert, 2000)

Anhand der Abbildung 18 lässt sich erkennen, dass der Begriff E-Commerce als ein Teilgebiet des E-Business verstanden wird. E-Commerce bedeutet Handeln bzw. Verkaufen über das Internet. Dies erfolgt in der Regel zwischen einem Unternehmen und einem Kunden (B2C).

5.3.2 Transaktionsphasen bei E-Commerce

Beim E-Commerce werden alle Phasen des Verkaufsprozesses (Information, Vereinbarung, Lieferung und Service) elektronisch abgewickelt. Die Transaktionsphasen beim E-Commerce werden in Abbildung 19 veranschaulicht:[118]

---

[117] Vgl. (Gabriel & Hoppe, 2002, S. 13) und (Herden et al. 2006, S. 43)
[118] Vgl. (Mülder, 2002, S. 323 ff.)

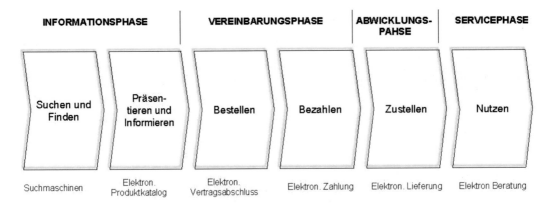

Abbildung 19 Phasen bei E-Commerce.
In Anlehnung an: (Abts & Mülder, 2009, S. 268)

In der *Informationsphase* werden Leistungen und Produkte am Markt identifiziert. Es werden Angebote abgefragt und miteinander verglichen. Für diese Phase existieren beispielsweise Produktsuchmaschinen wie Google Shopping.

In der *Vereinbarungsphase* kommt der Kontakt zwischen den Marktpartnern zustande. Es werden Konditionen, wie Zahlungsbedingungen, Lieferbedingungen und Termine vereinbart und zur Vertragsgrundlage gemacht. Als Bezahlungsmethode wird oftmals die Kreditzahlung oder das Online-Payment (z.B. PayPal) angeboten.

Die Zustellung der bestellten Ware erfolgt in der *Abwicklungsphase*. Hierbei können verschiedene Dienste in Anspruch genommen werden, wie z.B. Versicherung, Transport und Logistik. Für digitale Güter, wie beispielsweise Software oder Musik (iTunes), kann die Zustellung online (per Download) erfolgen.

In der *Servicephase* erfolgt die Kundenbetreuung. Neben etablierten Möglichkeiten, wie Hotline oder Call-Center, werden hier neue Serviceformen entstehen, z.B. Fernwartung von Geräten über das Internet.

5.3.3 Elektronische Marktplätze

Elektronische Marktplätze (oder auch Online-Shops) ermöglichen den Kauf bzw. Verkauf von Gütern und Dienstleistungen über das Internet. Sie bringen einen oder viele Anbieter über eine Website mit vielen potenziellen Käufern zusammen, um Kauf- bzw. Verkaufstransaktionen abzuwickeln. Hierbei gelten folgende Besonderheiten:[119]

---

[119] Vgl. (Abts & Mülder, 2009, S. 285)

- Der Zugang von Anbietern und Nachfragern zum Marktplatz erfolgt über das Internet. Jeder Teilnehmer kann sich rund um die Uhr und von überall am Marktgeschehen beteiligen.

- Die Informationsbeschaffung ist Im Vergleich zum traditionellen ortsgebundenen Handel wesentlich einfacher (beispielsweise durch die Nutzung von Suchmaschinen).

- Ein oder mehrere Dienstleister stellen einen Webserver zur Verfügung. Sie verwalteten den Produktkatalog, entwickeln und pflegen die erforderliche Software, stellen das Angebot über eine einheitliche Webadresse zur Verfügung und machen den Marktplatz anhand von Werbung bekannt.

- Die Transaktionskosten der elektronischen Geschäftsabwicklung sind niedriger als bei traditionellen Marktplätzen.[120]

5.4 Einsatzmöglichkeiten und Ziele von CEP im Bereich E-Commerce

In diesem Abschnitt werden einige Einsatzmöglichkeiten und Ziele von CEP in einem Online-Shop-System vorgestellt. Die Hauptpunkte werden zuvor zusammengefasst:

- Vermeidung von Lieferengpässen
- Schnelleres Erkennen von Verkaufstrends, durch Echtzeitanalyse der Bestandsentwicklung
- Erhöhung der Gewinne durch E-Personalisierung
- Echtzeitüberwachung des Systems zum Schutz vor Angriffen

5.4.1 Überwachung von Artikelbeständen

Für große Versandhäusern (bspw. Amazon) ist es wichtig, Verkaufstrends möglichst schnell zu erkennen. Durch Lieferengpässe oder zu hohe Preiskalkulationen, können Kunden an Konkurrenten verloren gehen.

In der Tabelle 2 sind drei Kategorien der Bestandsveränderungen abgebildet, die mittels CEP in Echtzeit erkannt werden, um entsprechende Maßnahmen durchzuführen.

---

[120] Vgl. (Schmid, 1993, S. 468)

Problematische Veränderungen des Artikelbestandes	Dimension des Artikelbestandes
Schwellenwertverletzung Artikel müssen ggf. nachbestellt werden, wenn ein bestimmter Schwellenwert verletzt wird, um Lieferfristen einhalten zu können.	
Sprunghafte Veränderung Abrupte Bestandsänderungen teurer Artikel könnten beispielsweise auf einen Betrugsversuch hindeuten.	
Entwicklungstrends Artikelbestände können sich auch kontinuierlich verringern. Dabei ist der zeitliche Entwicklungstrend besonders interessant. Aus diesen Ereignissen kann der Ausverkauf des Artikels prognostiziert werden.	

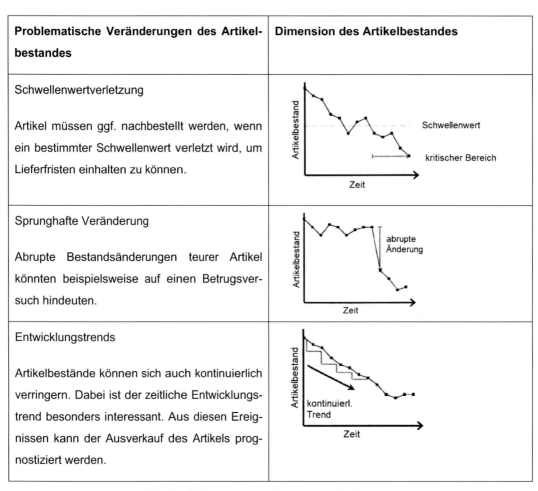

Tabelle 2 Kategorien der Bestandveränderungen

5.4.2 CRM – E-Personalisierung

Aufgrund der Interaktivität des Internets, sind der Online-Handel und das Customer Relationship Management (CRM) untrennbar miteinander verbunden. Die Kundengewinnung, die Gestaltung von Kundenbeziehungen, die gezielte Ausrichtung aller Prozesse auf die Bedürfnisse des Kunden, haben für den E-Commerce eine herausragende Bedeutung. CRM zielt darauf ab, den Wert der einzelnen Kunden für das Unternehmen zu steigern und damit die Gewinne zu erhöhen.[121]

Ein besonders kostengünstiger und sehr effektiver CRM-Ansatz ist die E-Personalisierung. Bei der E-Personalisierung wird das Kaufverhalten eines Kunden analysiert und eine Kaufhistorie gebildet. Durch den Abgleich des Kundenverhaltens mit ver-

---

[121] Vgl. (Schneider, 2002)

schiedenen Kaufhistorien, kann für den Kunden ein personalisiertes Angebot generiert werden.[122]

Die Analyse des Kundenverhaltens im Internet wird auch als Tracking bezeichnet. Dabei wird jeder Link, auf den der Kunde klickt, analysiert. Dies geschieht über eine erweiterte URL oder über Cookies. Software-Produkte für diese Analysen gibt es bereits viele, wie beispielsweise Google Analytics[123]. Viele dieser Trackingsoftwares sehen sich zunehmend mit einem Problem konfrontiert. Seit der Version 10 des Internet Explorer[124] ist die Do-Not-Track-Funktion (DNT) standardmäßig eingeschaltet und auch andere Browseranbieter, wie Firefox, unterstützen diese Funktion.

Durch DNT werden konventionelle Tracking-Methoden, über URL-Tracking oder Cookies von Browsern automatisch geblockt, sodass sich keine wertvollen Kaufverhaltensdaten generieren lassen.

In der CEP-Anwendung wird jeder Seitenaufruf eines Kunden als eigenständiges Ereignisobjekt behandelt, das vom Backend-System der Ereignisquelle (Online-Shop-System) erzeugt und an die CEP-Anwendung übermittelt wird. Diese Methode des Trackings kann technisch nicht verhindert werden, da sie für den Kunden verborgen bleibt. Des Weiteren ermöglicht die Verarbeitung dieser Ereignisse durch CEP erweiterte Analysemöglichkeiten:

- Wie lange ist der Kunde auf der Angebotsseite verweilt? Ereignisse mit kurzen Besuchszeiten können gefiltert werden, da sie nicht interessant für den Benutzer scheinen.
- Stimmung des Kunden anhand der Klickrate pro Sekunde (eine hohe Klickrate könnte darauf hindeuten, dass der Benutzer verärgert ist).
- CEP könnte den Abbruch einer Kauftransaktion entdecken und dem Kunden ggf. per E-Mail ein Angebot mit den entsprechenden Preissenkungen zu senden.

5.4.3 Erhöhung der Sicherheit in einem Online-Shop-System

Ein Online-Shop-System bietet von Natur aus mehr Angriffsflächen als normale Websites, da sensible Kundendaten, wie Kreditkartennummern, gespeichert werden. Trotz ausge-

---

[122] Vgl. (Heinemann, 2012, S. 67)
[123] (Erstklassige Funktionen für leistungsorientiertes Marketing:Google Analytics)
[124] Vgl. (Bager, 2012)

reifter Softwaretools zum Entdecken von Sicherheitslücken, werden immer wieder neue Angriffsmethoden entwickelt, um einem Online-Shop-System zu schädigen.

Mit CEP kann ein Online-Shop-System in Echtzeit überwacht werden, um somit auffällige Benutzeraktivitäten zu entdecken und ggf. entsprechende Maßnahmen einzuleiten.

In der im nächsten Abschnitt vorgestellten CEP-Anwendung wird mittels Mustererkennung versucht, sogenannte „Spaßbestellungen" zu entdecken. Wenn ein Kunde drei Mal hintereinander innerhalb von 15 Minuten, eine Bestellung mit einem Betrag über 500 EUR durchführt, so erkennt die CEP-Anwendung das Muster „Spaßbestellung". Tritt dieses Muster auf, so wird der Kunde automatisch gesperrt, um weiteren Schaden abzuwenden.

5.5 Identifizierung der Ereignisquellen und –senken

Im ersten Schritt der Konzeptionsphase zur Erstellung einer CEP-Anwendung wird die Infrastruktur vorgestellt, in der sich die Anwendung befindet.

Als Ereignisquelle dient ein bereits implementiertes Online-Shop-System. Dieses erzeugt den Großteil der im Abschnitt 5.7 vorgestellten Ereignistypen und sendet diese an einen Ereigniskanal der MOM. Dabei wird bewusst nur ein Ereigniskanal für alle Ereignistypen gewählt, da eine Aufteilung nach Typen im EPN der CEP-Anwendung erfolgt. Die Ereignisverarbeitung wird in der CEP-Anwendung, die in den nächsten Schritten vorgestellt wird, durchgeführt. Anschließend werden die komplexen Ereignisse, aus der Ereignisverarbeitung, zur Behandlung an das ERP-System, sowie an das Online-Shop-System übermittelt. Zum anderen verfügt die CEP-Anwendung über eine BAM-Komponente, die es ermöglicht auftretende Ereignisse sichtbar zu machen.

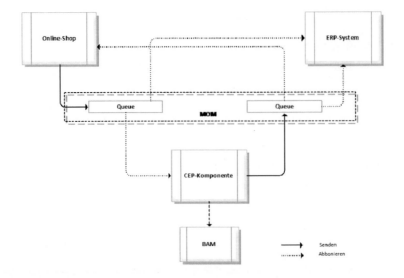

Abbildung 20 Die Infrastruktur, in der sich die CEP-Anwendung befindet.

Der Aufbau dieser Architektur kommt einer EDA sehr nahe. Es ist jedoch keine „echte" EDA, da die BAM-Komponente nicht logisch und physikalisch von der CEP-Komponente getrennt ist. Nach dem Schichten-Modell von BRUNS und DUNKEL muss eine strikte Trennung zwischen Ereignisquelle, -verarbeitung und –behandlung vorliegen.[125]

5.6 Verwendete Technologien zur Implementierung der CEP-Anwendung

Bei der Konzeption der CEP-Anwendung wurde versucht, besonders allgemeingültig vorzugehen, wie es das Modell von ETZION und NIBLETT[126] verlangt. Doch zur Entwicklung einer prototypischen CEP-Anwendung bedarf es einiger Technologien, um ein solches Projekt realisieren zu können. Daher werden in diesem Abschnitt kurz einige Softwaretechnologien vorgestellt, mit denen die CEP-Anwendung implementiert ist.

5.6.1 Spring

Das Fundament der CEP-Anwendung ist das Open-Source-Framework Spring. Spring basiert auf dem Buch: "*One-on-One: J2EE Design and Development*" von Rod Johnson. Es wurde mit dem Ziel entwickelt, die Entwicklung von Unternehmensanwendungen weniger komplex zu gestalten. Spring unterstützt die Implementierung von Unternehmensanwendungen in vielerlei Hinsicht, aber im Grunde genommen beschränkt es sich auf zwei Hauptmerkmale: Dependency Injection (DI) und aspektorientierte Programmierung (AOP). Wobei jedoch nur DI in der CEP-Anwendung zum Einsatz kommt.[127]

Spring ist ein sehr mächtiges Framework, daher findet es auch in kommerziellen Tools zur Erstellung von CEP-Anwendungen, wie beispielsweise Oracle CEP, Verwendung.[128]

Das Kernstück des Spring-Frameworks ist ein Container, indem die Anwendungsobjekte erstellt, konfiguriert und verwaltet werden. Bei Spring werden Anwendungsobjekte deklarativ zusammengestellt – in der Regel in einer XML-Datei, aber auch mittels Annotationen. Alle Spring-Module sind auf dem Kerncontainer aufgebaut.[129]

5.6.2 Spring Integration

Die Implementierung der CEP-Anwendung wird mittels des Moduls Spring Integration realisiert. Spring Integration wurde zur Integration von Unternehmensanwendungen ent-

---

[125] Vgl. (Bruns & Dunkel, 2010, S. 62)
[126] Abschnitt 5.2.1
[127] Vgl. (Walls, 2008, S. 1-2)
[128] (Oracle, Overview of Creating Oracle CEP Applications:Oracle, 2009)
[129] Vgl. (Walls, 2008, S. 22)

wickelt und hat eine große Anzahl der von HOHPE und WOOLF[130] beschriebenen EAI Pattern realisiert. Dabei unterstützt Spring Integration Messaging innerhalb von Spring Anwendungen und ermöglicht somit einen modularen und lose gekoppelten Aufbau der Anwendung. Für die Anbindung verschiedener Systeme, wie Messaging (JMS, AMQP), bietet Spring bereits Adapter.[131]

Die Konfiguration der einzelnen Spring Integration Elemente (wie z.B. Adapter oder Channels) erfolgt in einer XML-Datei. Diese kann mittels eines Editors grafisch dargestellt werden. Das Ergebnis ist in Abbildung 21 zu erkennen.

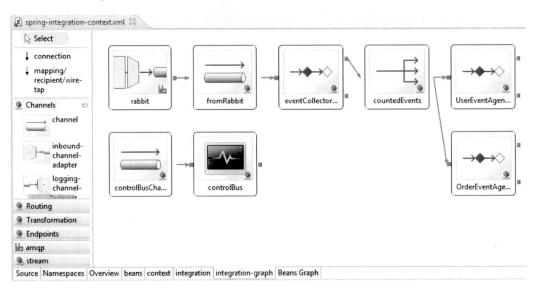

Abbildung 21 Grafische Darstellung einer XML-basierenden Konfigurationsdatei von Spring Integration

Spring Integration eignet sich hervorragend für die Implementierung einer CEP-Anwendung, da es einige CEP bzw. EDA-Konzepte bereits implementiert hat. So werden in Spring Integration Prinzipien, wie die lose Kopplung, die Nachrichten- bzw. Ereignisorientierung oder das Modell des asynchronen Messaging verwendet. Auch bereits vorhandene Element von Spring Integration, wie Channels, Adapter oder Filter sind Bestandteile im CEP-Konzept.

5.6.3 Esper

Das Kernframework zur Verarbeitung von Ereignissen in der CEP-Anwendung ist die Open-Source- Engine Esper. Die Esper-Plattform stellt eine leistungsfähige Event Pro-

---

[130] Vgl. (Hohpe & Woolf, 2003)
[131] (Springsource, 2012)

cessing Engine mit einer spezifischen EPL bereit. Esper steht als Java-Implementierung oder auch unter dem Nesper für .NET zur Verfügung.[132]

In den folgenden Abschnitten wird erläutert, wie mittels Esper Ereignisse definiert, Event Processing Agents instanziiert und Event Processing Rules formuliert werden können.

5.6.4 RabbitMQ

Die Auswahl an MOM-Produkten[133] ist groß. RabbitMQ ist ein derartiges Produkt, welches den AMQP-Standard implementiert. Für die Entwicklung wurde dieses Produkt verwendet, da es sehr gut mit Spring zusammen arbeitet. In Abbildung 21 ist zu erkennen, dass Spring Integration bereits einen Adapter zur Anbindung an RabbitMQ bietet.

5.7 Erstellung eines Ereignismodells

Im nächsten Schritt der Konzeption werden die Ereignistypen detailliert spezifiziert:

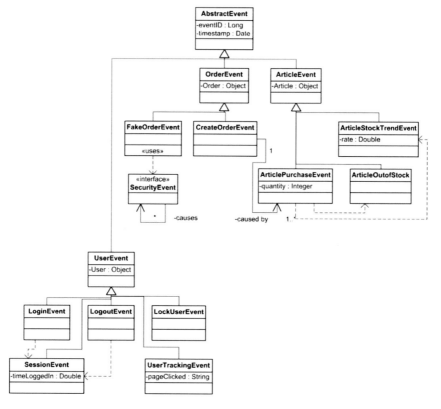

Abbildung 22 Ausschnitt aus dem Ereignismodell einer CEP-Anwendung für den Bereich E-Commerce

---

[132] (EsperTech, EsperTech: Event Stream Intelligence, 2006)
[133] Z.B. WebsphereMQ oder ActiveMQ

AbstractEvent[134] ist ein abstrakter Ereignistyp, der Metadaten enthält, die für alle Ereignistypen gelten: eine eindeutige ID zur Identifikation eines Ereignisses (eventID) sowie der Auftrittszeitpunkt (timestamp). Alle Ereignisse erben diese Attribute von *AbstractEvent*.

Das Ereignismodell der CEP-Anwendung basiert auf dem Klassenmodell des Online-Shops (siehe Anhang A). Die abgeleiteten Ereignisse von *AbstractEvent* verwenden die Klassen des Online-Shop-Modells als Attribute.

UserEvent ist ein abstrakter Ereignistyp, der für alle Benutzerinteraktionen verwendet wird. Als elementares Attribut enthält das *UserEvent* die Daten eines Benutzers, der das Ereignis auslöst. Für die speziellen Aktionen eines Benutzers wird zwischen folgenden Ereignistypen unterschieden:

- *LoginEvent*: Wird ausgelöst, wenn sich ein Benutzer im System anmeldet.
- *LogoutEvent*: Wird erzeugt, wenn sich ein Benutzer vom System abmeldet.
- *UserTrackingEvent*: Repräsentiert die Anfrage eines angemeldeten Benutzers an den Server.
- *SessionEvent*: Wird aggregiert, wenn sich ein Benutzer erfolgreich an- und abgemeldet hat. Dabei wird berechnet wie lange der Benutzer online war.
- *LockUserEvent*: Veranlasst die Sperrung eines Benutzers.

OrderEvent ist ein abstrakter Ereignistyp für alle Ereignisse, die im Zusammenhang mit einer Bestellung (Order) stehen. Zwar wird ein *OrderEvent* in der Regel von einem Benutzer ausgelöst, jedoch impliziert die Klasse Order (siehe Datenmodell Anhang A) bereits einen Benutzer (Käufer).

- *CreateOrderEvent*: Repräsentiert den erfolgreichen Abschluss einer Bestellung.
- *FakeOrderEvent*: Dieses Ereignis wird ausgelöst, wenn der Verdacht auf eine „Spaßbestellung", also eine Bestellung die unter Verwendung falscher Angaben und ohne Zahlungswillen abgeben wurde, besteht.
- *SecurityEvent* ist ein Interface und beschreibt ein Sicherheitskonzept zur Einstufung von Ereignissen. Jedes *SecurityEvent* verfügt über eine Sicherheitsstufe(siehe Abbildung 23) und wird demnach eingestuft. Mehrere Ereignisse einer niedrigen Sicherheitsstufe können demzufolge ein *SecurtiyEvent* einer höheren Stufe auslösen (ein Verdacht auf Betrugsversuch wird bekräftigt).

---

[134] Bei einer Java-Implementierung muss AbstractEvent das Interface Serializable verwenden, da dieses für die Kommunikation über Ereigniskanäle erforderlich ist.

HIGH

MEDIUM

LOW

Abbildung 23 Sicherheitsstufen eines SecurityEvents

Durch zwei *FakeOrderEvents* mit der Sicherheitsstufe *MEDIUM* wird ein *FakeOrderEvent* der Stufe *HIGH* aggregiert. Ein *SecurityEvent* der Stufe *HIGH* erzeugt wiederum ein *LockUserEvent*, wodurch der Account des Benutzers, der die Bestellungen ausgeführt hat, gesperrt wird. Die Methode getInfo() beschreibt die Ursache für das Auslösen eines *SecurityEvents*.

ArticleEvent dient als abstrakter Ereignistyp für abgeleitete Typen, die für Statistiken einzelner Artikelbestände verwendet werden.

- *ArticlePurchaseEvent*: Wird durch ein *CreateOrderEvent* ausgelöst. Dabei werden die einzelnen Bestellpositionen zu *ArticlePurchaseEvent* aufgesplittet. Dies ermöglicht eine einfachere Analyse der Artikelbestände.
- *ArticleOutOfStock:* Wird erzeugt wenn der Artikelbestand gleich 0 ist.
- *ArticleStockTradeEvent*: Wird aus mehreren *ArticlePurchaseEvent* aggregiert und beschreibt die Entwicklung eines Artikelbestandes.

5.7.1 Ereignisse in Esper

Ereignisse lassen sich in Esper als Schlüssel-Wert-Paar, in XML oder als POJO[135] darstellen. Die Definition von Ereignismodellen durch Esper ist jedoch nicht möglich. Esper bietet lediglich eine Sprache zur Verarbeitung von Ereignissen, aber nicht zur Definition dieser. Die Definition der Ereignistypen erfolgt implizit in den Verarbeitungsregeln. Genauere Abhängigkeiten und Beziehungen lassen sich nicht explizit beschreiben.[136]

5.8 Konzeption eines Event Processing Networks

Nachdem die einzelnen Ereignistypen definiert sind, können im nächsten Schritt die Event Processing Agents und ihre Aufgabenbereich beschrieben werden. Abbildung 24 veranschaulicht das EPN der CEP-Anwendung mit ihren EPAs, Ereigniskanälen, - quellen und –senken.

---

[135] Das heißt ein einfaches JavaBean-Objekt.
[136] Vgl. (Bruns & Dunkel, 2010, S. 127)

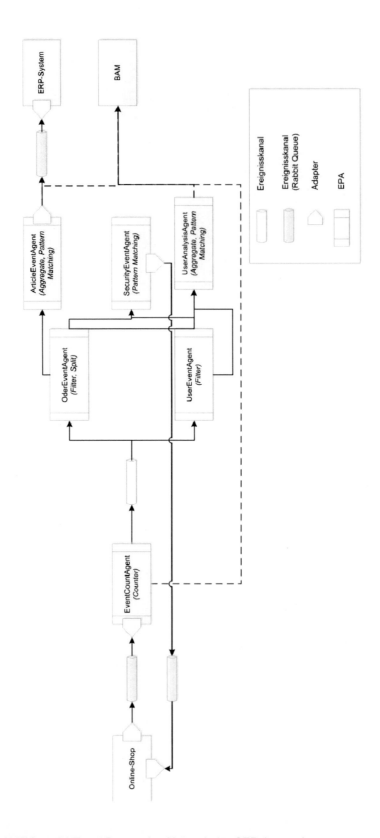

Abbildung 24 Event Processing Network der CEP-Anwendung

Die im Ereignismodell definierten Ereignistypen werden von der Ereignisquelle (Online-Shop-System) erzeugt und über einen Ereigniskanal an die CEP-Anwendung übermittelt. Hierbei wird zwischen zwei verschiedenen Ereigniskanälen unterschieden. Zum einen die Ereigniskanäle (weiß hinterlegt)[137], die sich innerhalb der CEP-Anwendung befinden und zum anderen diejenigen Ereigniskanäle (grau hinterlegt), die von der MOM verwaltet werden.

- **EventCountAgent:** Dieser EPA zählt alle einkommenden *AbstractEvents*, um diese grafisch in der BAM-Anwendung darstellen zu können.
- **OrderEventAgent:** Eintreffende *CreateOrderEvents* werden von diesem EPA in *ArticlePurchaseEvents* aufgeteilt. Diese werden anschließend an den *ArticleEventAgent* zur weiteren Verarbeitung versendet.
- **UserEventAgent:** Der *UserEventAgent* filtert eintreffende *UserEvents*. Beispielsweise werden doppelt eintreffende *LoginEvents* eines Benutzers gefiltern.[138] Des Weiteren erstellt dieser EPA Ereignisse, die vom *UserAnalysisAgent* ausgewertet werden.
- **UserAnalysisAgent:** Die Aufgabe dieses EPA ist es, verschiedene Statistiken des Benutzerverhaltens auszuwerten (z.B. wie lange ist ein Benutzer durchschnittlich online oder wie hoch ist die Conversionrate derzeit).
- **ArticleEventAgent:** Der *ArticleEventAgent* überwacht die Bestände der einzelnen Artikel und sucht nach Verkaufstrends.
- **SecurityEventAgent:** Dieser EPA ist für die Sicherheit des Online-Shops-Systems zuständig. Er versucht Sicherheitsverletzungen (z.B. *FakeOrderEvents*) zu erkennen und veranlasst ggf. die Sperrung eines Benutzer Accounts.

Im nächsten Abschnitt wird beschrieben, wie ein EPA mittels Esper implementiert werden kann.

5.8.1 Event Processing Agent in Esper

Listing 1 zeigt, wie ein EPA in Esper erzeugt wird und wie ein Ereignis an ihn übermittelt wird.

---

[137] Diese Ereigniskanäle werden mittels Spring Integration implementiert.
[138] Mehrfache *LoginEvents* eines Benutzers könnten beispielsweise entstehen, wenn sich dieser über verschiedene Browser im System anmeldet.

```
1          OrderEvent orderEvent = orderEventGenerator.createEvent(
2                     order, CreateOrderEvent.class);
3
4          EPServiceProvider orderEventAgent = EPServiceProviderManager
5                     .getProvider("OrderEventAgent");
6
7          EPRuntime runtime = orderEventAgent.getEPRuntime();
8          runtime.sendEvent(orderEvent);
```

Listing 1 Instanziierung eines Event Processing Agent mittels Esper

Zunächst wird in Zeile 1 ein Ereignisobjekt mit der Bezeichnung orderEvent, der Klasse OrderEvent, erzeugt. Dies geschieht durch eine sogenannte Factory-Methode[139], die durch die Übergabe einer Bestellung, eine Instanz des gewünschten Ereignistyps erstellt. Die Generator-Klasse, welche über die Factory-Methode verfügt, verarbeitet dabei die Vergabe der *eventID* und des *timeStamps*. Anschließend erfolgt das Aufsetzen der erforderlichen Infrastruktur. Das Objekt orderEventAgent repräsentiert eine Instanz der Esper *Event Processing Engine* (in Zeile 4), d.h., es repräsentiert konzeptionell einen Event Processing Agent. Der orderEventAgent wird ebenfalls mithilfe der Factory-Methode (getProvider()) der Klasse EPServiceProviderManager erstellt. Dabei muss ein Name für den EPA festgelegt werden. Wenn noch keine Instanz mit diesem Namen besteht, so wird sie erzeugt, andernfalls wird eine Referenz auf die bereits vorhandene Instanz zurückgegeben. Somit werden EPAs in Esper nach dem Singleton-Pattern[140] implementiert, sodass sich verschiedene Esper-Instanzen verwalten lassen und mehrere EPAs in einfacher Weise umgesetzt werden können. Für den EPA orderEventAgent kann folglich ein EPRuntime-Objekt (runtime) erzeugt werden (Zeile 7). Dieses Objekt stellt die Methode sendEvent() zur Verfügung, die ein Ereignisobjekt an den Agenten schickt, d.h. in dessen Ereignisstrom einfügen kann (Zeile 8).[141]

Die Infrastruktur der CEP-Komponente wird mittels des Frameworks Spring umgesetzt (siehe Abschnitt 5.6.2). Daher müssen die EPAs gleichermaßen durch Spring verwaltet werden. Listing 2 zeigt eine mögliche Implementierung des *OrderEventAgents* für den Spring-Kontext.

---

[139] Vgl. (Freeman et al. 2004, S. 109 ff.)
[140] Vgl. (Freeman et al. 2004, S. 169 ff.)
[141] Vgl. (EsperTech, Quick Start:EsperTech, 2006)

```java
/**
 * Repräsentiert einen Event Processing Agent, der OrderEvents verarbeitet.
 */
@Component("OrderEventAgent")
public class OrderEventAgent {

    /**
     * Eine Query zur Abfrage von CreateOrderEvents.
     */
    private final static String GET_ALL = "Select * from "
            + CreateOrderEvent.class.getCanonicalName();

    /**
     * Der EPService
     */
    private EPServiceProvider orderEventAgent;

    /**
     * Eine Subscriberklasse die CreateOrderEvents verarbeitet.
     * Wird durch Spring injected.
     */
    @Autowired
    private OrderEventSubscriber orderEventSubscriber;

    /**
     * Erzeugt eine neue Instanz eines OrderEventAgent und
     * meldet diesem am Esper-Kontext an.
     */
    public OrderEventAgent() {
        orderEventAgent = EPServiceProviderManager
                .getProvider("OrderEventAgent");
    }

    /**
     * Setzt die Ereignisregeln nach dem Injecten der SubscriberKlasse.
     */
    @PostConstruct
    public void init() {
        setRules();
    }

    /**
     * Sendet ein ankommendes OrderEvent an den EPServiceProvider.
     *
     * @param orderEvent
     *            ein eintreffendes OrderEvent über einen Ereigniskanal.
     */
    public void sendEvent(OrderEvent orderEvent) {
        EPRuntime runtime = orderEventAgent.getEPRuntime();
        runtime.sendEvent(orderEvent);
    }


    /**
     * Erfasst alle CreateOrderEvents aus dem Ereignisstrome und
     * übermittelt dies an den orderEventSubscriber.
     */
    private void setRules() {
        EPStatement rule1 = orderEventAgent.getEPAdministrator().createEPL(
                GET_ALL);
        rule1.setSubscriber(orderEventSubscriber);
    }

}
```

Listing 2 Implementierung eines EPA im Spring-Kontext.

Anhand der Annotation @Component ist zu erkennen, dass es sich hierbei um eine von Spring verwaltete JavaBean handelt, die ebenfalls nach dem Singleton-Pattern erstellt wird. Das statische Attribut `GET_ALL` beschreibt eine Ereignisabfrage (näheres zum Aufbau einer Ereignisabfrage im nächsten Abschnitt), um *CreateOrderEvents* aus dem Ereignisstrom zu erhalten. In der Methode `setRules()` wird diese Query anschließend am `EPServiceProvider` angemeldet. Dies geschieht durch ein Esper-Statement `rule1`, welches durch ein `EPAdminstrator`-Objekt (durch `createEPL()` erzeugt) am `orderEvent`-`Agent` registriert wird. Durch die Methode `setSubscriber()` des Esper-Statements können Subscriber-Klassen festgelegt werden. Jedes Mal wenn ein *CreateOrderEvent* im Ereignisstrom auftritt, wird die update-Methode der registrierten Subscriber aufgerufen. Die implementierte Subscriber-Klasse `OrderEventSubscriber` wird durch Spring in den `OrderEventAgent` injected.

```
/**
 * Repräsentiert eine Subscriber-Klasse die eintreffende CreateOrderEvents
 * verarbeitet und weiterleitet.
 */
@Component
public class OrderEventSubscriber {

    @Autowired
    private UserAnalysisAgent userAnalysisAgent;

    @Autowired
    private SecurityEventAgent securtiyEventAgent;

    @Autowired
    private ArticleEventGenerator articleEventGenerator;

    @Autowired
    private ArticleEventAgent articleEventAgent;

    /**
     * Empfängt CreateOrderEvents und leitet diese an den userAnalysisAgent und
     * den securtiyEventAgent weiter. Die Bestellpositionen des
     * CreateOrderEvents werden zu ArticlePurchaseEvents aufgesplittet und an
     * den articleEventAgent übermittelt.
     * @param orderEvent Das eintreffende CreateOrderEvent.
     */
    public void update(CreateOrderEvent orderEvent) {
        userAnalysisAgent.sendEvent(orderEvent);
        securtiyEventAgent.sendEvent(orderEvent);
        for (OrderPosition position : orderEvent.getShopOrder()
                    .getOrderPositions()) {
            ArticlePurchaseEvent articleEvent = (ArticlePurchaseEvent)
                    articleEventGenerator.createEvent(position.getArticle(),
                        ArticlePurchaseEvent.class);
            articleEvent.setQuantity(position.getQuantity());
            articleEventAgent.sendEvent(articleEvent);
        }
    }
}
```

Listing 3 Implementierung einer Subscriber-Klasse im Spring-Kontext

Jede Subscriber-Klasse muss eine Methode namens `update()` implementieren. Dabei müssen die Parameter der Methode den selektierten Ereignisattributen[142] entsprechen. In Listing 3 enthält die `update()`-Methode ein *CreateOrderEvent* als Parameter, da dieser Ereignistyp in der Ereignisabfrage (`Select * from CreateOrderEvent`) ausgewählt wird. Durch Spring werden die EPAs, an denen die *CreateOrderEvents* bzw. *ArtcilePurchaseEvents* weitergeleitet werden, injected[143].

Die vorgestellte Implementierung hat jedoch einen Nachteil: Sie ist nicht optimal in Spring Integration eingebunden. Beispielsweise gibt es zwischen den EPAs und ihren Subscriber-Klassen keine, von Spring Integration verwalteten, Ereigniskanäle. Eine optimale Einbindung von Esper in Spring Integration bietet das Projekt OpenCredo[144].

```
1    <esper:template id="orderEventAgent">
2        <esper:statements>
3            <esper:statement
4                epl=" Select * from CreateOrderEvent ">
5                <esper:listeners>
6                    <esper:ref bean="orderEventSubscriber"/>
7                </esper:listeners>
8            </esper:statement>
9        </esper:statements>
10   </esper:template>
```

Listing 4 XML-basierte Definition eines EPA mit dem Framework OpenCredo

Mittels eines Templates von OpenCredo können EPAs in der Konfigurationsdatei von Spring Integration deklariert werden. Dies hat den Vorteil, dass die Ereignisregeln nicht hartcodiert sind und sich zentral in der Anwendung befinden.

5.9 Aufbau und Formulierung von Ereignisregeln

In diesem Abschnitt wird dargestellt, wie sich komplexe Ereignismuster in Esper-EQL formulieren lassen.[145] Für die Listings wird der Quellcode aus der CEP-Anwendung verwendet.[146]

Das folgende Listing 5 zeigt den Aufbau einer einfachen Esper-Regel:

---

[142] Alternativ kann auch das Interface UpdateListener, bei der die Übergabeparameter vorgegeben sind, implementiert werden. Genaueres auf der Esper-Homepage (EsperTech, Quick Start:EsperTech, 2006).
[143] Seit der Version 3.0 von Spring wird auch der JSR 330 Standard unterstützt. Somit wäre auch die Annotation @Named anstelle von @Autowired möglich.
[144] (OpenCredo, 2012)
[145] Für die Beschreibung der Sprachkonstrukte von Esper-EQL wurde die aktuelle Dokumentation: (EsperTech, Esper Reference 4.6.0:EsperTech, 2012) verwendet.
[146] Für die Implementierung der CEP-Anwendung wurden folgende Projekte als Vorlage verwendet: (OpenCredo, 2012), (spring-integration-templates:SpringSource, 2012) und (Source-Code-Beispiele:Event-Driven Architecture, 2010)

```
1    Select * from OrderEvent
2    where user.username='mustermann' and orderAmount > 500
```

Listing 5 Aufbau einer Esper-Regel

Dieses Muster selektiert alle *OrderEvents*, des Benutzers „mustermann", die einen Bestellwert größer als 500 aufweisen. Dabei wird die Ähnlichkeit zu einer Datenbankabfrage mit den folgenden Elementen deutlich:

- *From-Klausel*

    Die *From-Klausel* legt fest, welche Ereignistypen betrachtet werden. In diesem Beispiel sind die Ereignisse vom Typ *OrderEvent*. Diese Typ-Abfrage wird mittels des Java Operators *instanceof* durchgeführt. Daher ist auch die Abfrage von Abstrakten-Klassen und Interfaces möglich.[147]

- *Select-Klausel*

    Die *Select-Klausel* definiert, welche Ereignisattribute selektiert werden. Ein '*' bedeutet (wie bei einer SQL-Datenbankabfrage), dass alle Attribute des Ereignistyps ausgegeben werden sollen.

- *Where-Klausel*

    In der *Where-Klausel* können die Ereignistypen, die in der *Form-Klausel* definiert sind, noch eingeschränkt werden. Im Beispiel sollen die Attribute `username` und `orderAmount` entsprechende Werte besitzen.

Darüber hinaus ist es möglich, komplexe Muster zu beschreiben und zwar mithilfe des Sprachkonstrukts `pattern[]`. Das folgende Beispiel veranschaulicht diese Syntax.

```
1    Select s1, s2
2    from pattern[every (s1=org.app.cep.model.LogInEvent ->
3                        s2=org.app.cep.model.LogOutEvent(user=s1.user))]
```

Listing 6 Esper pattern matching

Ereignistypen und Aliasnamen Die *From-Klausel* bezieht sich in Listing 6 auf ein Muster, das im `pattern`-Teil spezifiziert ist. Das Muster benötigt jeweils ein Objekt vom Typ *LogInEvent* und *LogOutEvent*, für die Aliasnamen eingeführt werden: `s1=LogInEvent` und `s2=LogOutEvent`. Mit `s1` und `s2` werden also die beiden Ereignisse bezeichnet, die das Muster erfüllen.

---

[147] Vgl. (EsperTech, Chapter 7. EQL Reference: Functions, 2011)

Sequenzoperator Im Pattern legt der Sequenzoperator -> die zeitliche Reihenfolge der Ereignisse fest: das LogInEvent muss vor dem Ereignis LogOutEvent stattfinden. Schließlich muss noch eine Bedingung für das Ereignis s1 gelten. Der Wert des Attributes user muss mit dem des Ereignis s2 übereinstimmen.

Hierbei ist besonders interessant, dass Esper die equals()-Methode des Objekts *User* verwendet um die Vergleichsoperation durchzuführen.[148]

Verbrauch von Ereignisobjekten Soll ein Muster wiederholt ausgeführt werden, lässt sich dies in Esper durch das Schlüsselwort every steuern. In diesem Beispiel handelt es sich um das Muster: every(A->B). Nach dem Auftreten eines Objektes vom Typ A, sucht das Muster nach einem Objekt vom Typ B. Wurde dieses gefunden, sind die beiden Instanzen verbraucht und die Suche beginnt erneut.[149]

Esper ist besonders auf die Verarbeitung von Ereignisströmen ausgelegt und bietet daher umfangreiche Sprachkonstrukte zur Definition von *Sliding Windows*.

```
1    Select count(*)
2    from AbstractEvent.win:time_batch(3 sec)
```

Listing 7 Esper Sliding Windows

Listing 7 zeigt die Definition eines Zeitfensters in Esper. Diese Abfrage zählt alle neu im Ereignisstrom eintreffenden *AbstractEvents* der letzten drei Sekunden. Dabei wird die Aggregationsfunktion count(*) verwendet. Neben diesem Ausdruck gibt es noch weitere Aggregationen, wie beispielsweise avg (berechnet den Durchschnitt eines Attributes über eine Ereignisfolge).

In Esper wird zwischen normalen und Batch-Zeitfenstern unterschieden. Bei normalen Zeitfenstern werden bei jedem eintreffenden Ereignis alle zurückliegenden Ereignisse betrachtet, die im spezifizierten Zeitraum aufgetreten sind. Bei Batch-Zeitfenstern werden erst nach dem Ablauf des definierten Zeitintervalls neue Auswertungen durchgeführt, die sich auf die Ereignisse im definierten Zeitraum beziehen.

Neben den Zeitfenstern bietet Esper die Möglichkeit zur Definition von Längenfenstern. Hierbei kann die Anzahl der zu betrachtenden Ereignisse festgelegt werden.

---

[148] Vgl. (EsperTech, 2007)
[149] Es gibt noch weitere Variationen in denen der ever-Operator in Esper-Pattern eingestzt werden kann Vgl. (Bruns & Dunkel, 2010, S. 132).

In Listing 3 (Zeile 32 – 36) ist die Erstellung neuer Ereignisse (*Derived Events*) implementiert. In der `update()`-Methode der Subscriber-Klasse wird ein neues Ereignisobjekt erzeugt und mit der Methode `sendEvent()` an einen weiteren EPA gesendet. Allerdings ist bei diesem Ansatz die Erzeugung neuer Ereignisse nicht direkt in den Regeln erkennbar, sondern in der Subscriber-Klasse versteckt. Um dies zu vermeiden, besteht in Esper die Möglichkeit, innerhalb der Ereignisregel neue Ereignisobjekte zu erzeugen. Dies geschieht mithilfe der *Insert-Klausel*.

```
1    Insert Into ArticleStockTrendEvent(eventId, timeStamp, article, ag, su)
2    Select eventId, timeStamp, article, avg(quantity) as ag, sum(quantity) as su
3    from ArticlePurchaseEvent.std:groupwin(article).win:time_batch(5 min)
4    group by article
```

Listing 8 Esper Insert-Klausel

Die *Insert-Klausel* erzeugt jedes Mal, wenn das zugehörige Ereignismuster aus den Zeilen 2-4 feuert, ein neues Ereignis vom Typ *ArticleStockTrendEvent*. Die vier Attribute der *Insert-Klausel* werden von denen der *Select-Klausel* übernommen.

Das eigentliche Ereignismuster berechnet die durchschnittliche Anzahl und die Summe der verkauften Artikel in den letzten fünf Minuten. Dabei wird die Berechnung für jeden Artikel einzeln durchgeführt. Durch den Ausdruck `std.groupwin`[150] wird für jeden Artikel eine eigene Sicht (Sub-View) gebildet.

Diese Methode zur Erzeugung neuer Ereignisse kann jedoch mehr Aufwand verursachen. Die `eventId` der Ereignisse wird über einen Service generiert. Dieser muss jedoch erst in der Konfiguration von Esper registriert werden, damit er in der EQL verwendet werden kann. Daher werden in diesem Beispiel die `eventId` und der `timeStamp` des *ArticlePurchaseEvents* übernommen.

Schon anhand dieser wenigen Beispiele lässt sich erkennen, dass es sehr viele Möglichkeiten zur Verwendung der einzelnen Sprachelemente gibt. Die Syntax von Esper ist sehr kompakt, erfordert aber auch sehr aufmerksames Hinschauen, um die genaue Semantik eines spezifizierten Musters zu verstehen.

5.10 Die Behandlung von komplexen Ereignissen

Auf erkannte Ereignisse und Ereignismuster muss selbstverständlich entsprechend reagiert werden. Dieser Abschnitt erläutert die Implementierung der Ereignissenken, die die Ereignisse von der CEP-Anwendung auswerten.

---

[150] Seit der Esper-Version 4.0.0 wurde der Ausdruck std:groupby in std:groupwin umbenannt.

Um den aktuellen Zustand eines Systems besser beurteilen zu können, bedarf es einer grafischen Darstellung der aufgetretenen Ereignisse in geeigneter Form. Abbildung 25 visualisiert die eintreffenden Ereignisse nach ihrem entsprechenden Ereignistyp.

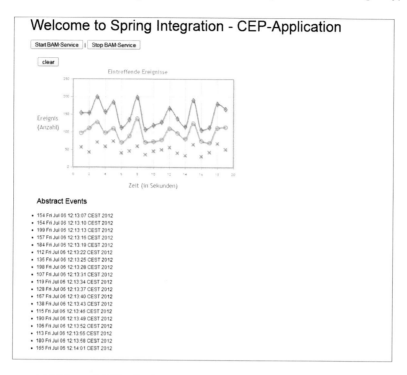

Abbildung 25 Oberfläche zur Darstellung eintreffender Ereignisse

Auf der Y-Achse wird die Anzahl der aufgetretenen Ereignisse dargestellt. Die X-Achse zeigt die verstrichene Zeit, seit Beginn der Ereignismessung an. Dabei wird die X-Achse im Sekundentakt erweitert, da kontinuierlich neue Ereignisse eintreffen. Die oberste Linie zeigt die Anzahl der gesamten Ereignisse an - also alle *AbstractEvents*. Der darunterliegende Graph visualisiert alle eintreffenden *UserEvents* und die Kreuze zeigen die Häufigkeiten der *OrderEvents* an. Die entsprechende Abfrage wurde bereits in Listing 7 vorgestellt. Alle drei Sekunden wird ein Zeitfenster erstellt, indem die auftretenden Ereignisse gezählt werden.

Um eine Plattformunabhängigkeit der BAM-Anwendung zu gewährleisten, wird die Oberfläche mittels eines Webbrowser dargestellt. Hierbei ergibt sich jedoch folgendes Problem. Die Kommunikation zwischen Client und Server erfolgt nach dem Request-Response-Modell. Der Client muss zunächst eine Anfrage erstellen, um vom Server eine Antwort bekommen zu können. In einer CEP-Umgebung werden jedoch kontinuierlich neue Ereignisse für die grafische Oberfläche erzeugt. Wenn ein neues Ereignis erzeugt wurde, kann dies nicht vom Server (wie beim Push-Prinzip) automatisch an den Client weitergeleitet werden, da dies die Regeln des Request-Response-Modells verletzen würde. Der Client müsste zunächst eine Anfrage an den Server stellen, um die erzeugten Ereignisse empfangen zu können. Somit müsste der Benutzer in regelmäßigen Abständen die Website neu aufrufen. Um dieses Problem zu umgehen, wird in Abbildung 26 eine Technologie vorgestellt, mittels der die webbasierte Darstellung von Ereignissen in Echtzeit ermöglicht wird.

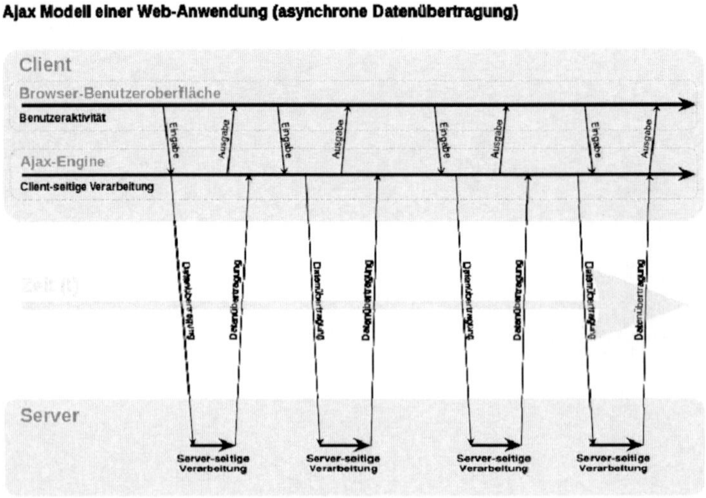

Abbildung 26 Asynchrones Modell einer Web-Anwendung mittels Ajax
Quelle: (DanielSHaischt, 2007)

Ajax (Asynchronous JavaScript and XML) ist eine Softwaretechnologie, die eine asynchrone Datenübertragung zwischen einem Browser und einem Server ermöglicht. Mittels Ajax können Teile einer Website nachgeladen bzw. aktualisiert werden, ohne dass die komplette Seite neu geladen werden muss.[151]

```
1   $.PeriodicalUpdater('<c:url value="/ajax"/>', {
2       method: 'get', // method; get or post
3       data: '', // array of values to be passed to the page - e.g.
4       minTimeout: 3000, // starting value for the timeout in milliseconds
5       maxTimeout: 30000, // maximum length of time between requests
6       multiplier: 3,
7       type: 'text', // response type - text, xml, json, etc.
8       maxCalls: 0, // maximum number of calls. 0 = no limit.
9       autoStop: 0 // automatically stop requests.
10  }, function(remoteData, success, xhr, handle) {
11      $('#content').html(remoteData);
13  });
```

Listing 9 Ajax PeridicalUpdater

Listing 9 zeigt die Implementierung eines *PeriodicalUpdaters*, der alle drei Sekunden (Zeile 4) eine Anfrage an den Server stellt um Ereignisse abzufragen. Die Methode des perio-

---
[151] Vgl. (Abts & Mülder, 2009, S. 125)

dischen Abfragens einer Ressource wird auch als Polling bezeichnet. Durch das andauernde Polling entsteht jedoch eine hohe Auslastung des Webservers. Um dies zu vermeiden, wird ein weiterer Timeout (Zeile 5) verwendet. Wenn eine Anfrage keine Veränderung zur vorherigen aufzeigt (keine neuen Ereignisse sind aufgetreten), so erfolgt die Abfrage an den Server nur noch alle dreißig Sekunden.

5.11 Implementierung vorgestellter Konzepte

In diesem Abschnitt werden zwei Theoriekonzepte vorgestellt, die in der CEP-Anwendung implementiert sind. Zunächst wird die Umsetzung eines Pull-Modus (Abschnitt 4.2.3.4) in einer CEP-Anwendung erläutert. Danach folgt der praktische Ansatz eines dynamischen Event Processing Networks (Abschnitt 5.1.6).

5.11.1 Administration in einer CEP-Anwendung

Eine CEP-Anwendung besteht aus einem Netzwerk von mehreren Event Processing Agents, die physikalisch auf verschiedenen Servern verteilt sein können.

Fraglich ist jedoch, wie diese Anwendung effektiv, über verschiedene Plattformen hinweg, administriert werden kann. Um dieses Problem zu lösen, haben HOHPE und WOOLF[152] das Entwurfsmuster des Control Bus entwickelt.

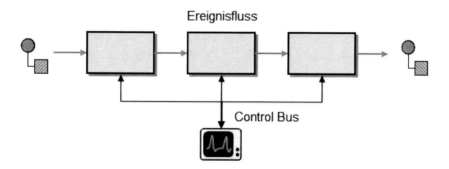

Abbildung 27 Control Bus Pattern
In Anlehnung an: (Hohpe, 2003)

In Abbildung 27 ist zu erkennen, dass der Control Bus über separate Ereigniskanäle verfügt, um die einzelnen Komponenten (EPAs) zu steuern. Somit ist der Control Bus mit jeder Komponente eines EPN verbunden.

Wie ein Control Bus in einer CEP-Anwendung eingesetzt werden kann, zeigt das folgende Beispiel. In Abbildung 25 werden dem Benutzer die Buttons Start BAM-Service und Stop

---

[152] Vgl. (Hohpe & Woolf, 2003, S. 540 ff.)

BAM-Service zur Verfügung gestellt. Diese Buttons ermöglichen dem Benutzer die CEP-Anwendung zu starten bzw. zu stoppen, um eine hohe Serverlast zu vermeiden. Wenn der Benutzer den *Start BAM-Service* ausführt, so wird der Control Bus[153] verwendet, um den RabbitMQ-Adapter zu aktivieren. Der RabbitMQ-Adapter lauscht auf einen bestimmten Ereigniskanal der MOM. Wenn ein Ereignis auftritt, so nimmt der RabbitMQ-Adapter dieses entgegen und leitet es an das Event Processing Network weiter.

```
1    @Service
2    public class DefaultBAMService implements BAMService {
3
4            @Autowired
5            @Qualifier("controlBusChannel")
6            private DirectChannel channel;
7
8            public void start() {
9                    final MessagingTemplate m = new MessagingTemplate();
10                   final Message<String> operation = MessageBuilder.withPayload(
11                                   "@rabbit.start()").build();
12                   m.send(channel, operation);
13           }
14
15           public void stop() {
16                   final MessagingTemplate m = new MessagingTemplate();
17                   final Message<String> operation = MessageBuilder.withPayload(
18                                   "@rabbit.stop()").build();
19                   m.send(channel, operation);
20           }
21   }
```

Listing 10 Service Klasse zur Verwendung eines Control Bus

Dabei wird zunächst ein Service aufgerufen (siehe Listing 10), der eine Nachricht mit dem Befehl `@rabbit.start()` über einen Kanal an den Control Bus sendet. Der Control Bus empfängt diese Nachricht und startet den RabbitMQ-Adapter, sodass die eintreffenden Ereignisse an das Event Processing Network weitergeleitet werden.

Über das EPAdministrator-Interface ist es möglich, eine oder mehrere Abfragen eines EPA zu starten bzw. zu stoppen. Somit können die einzelnen EPAs ebenfalls durch den Control Bus gesteuert werden.

5.11.2 Umsetzung eines dynamischen EPN

Im Abschnitt 5.1.6 wird das Konzept von dynamischen EPNs vorgestellt. In einem dynamischen EPN lassen sich während der Laufzeit neue EPAs erzeugen und nicht benötigte werden wieder freigegeben.

In dem folgenden Beispiel wird gezeigt, wie ein dynamisches EPN für die Kundenverhaltensanalyse verwendet werden kann. Für jeden Benutzer kann ein segmentierter Kontext

---

[153] Spring Integration bietet bereits eine Implementierung des Control Bus nach dem Entwurfsmuster von Hohpe & Woolf an, der über eine XML-Datei konfiguriert werden kann.

gebildet werden. In diesem Fall werden alle Benutzeraktivitäten in chronologischer Reihenfolge betrachtet. Um eine hohe Serverlast zu vermeiden, wird jeder Benutzer durch einen eigenen EPA getrackt. Über eine Benutzeroberfläche kann ausgewählt werden, welcher Benutzer getrackt werden soll.

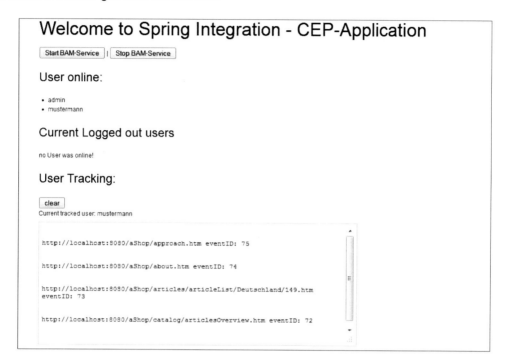

Abbildung 28 Tracking von Benutzeraktivitäten

Abbildung 28 zeigt die Benutzeroberfläche der CEP-Anwendung zum Tracken eines Benutzers, der sich im Online-Shop-System angemeldet hat. Nachdem ein Benutzer zum Tracken ausgewählt wurde, werden alle seine Aktivitäten (besuchte Seite) durch einen eigenen EPA ausgewertet. Dieser EPA muss zuvor noch erstellt und in das EPN eingebunden werden.

Listing 11 präsentiert eine Klasse für einen allgemeinen EPA. Im Gegensatz zu den bereits vorgestellten EPA-Implementierungen, sind die EQL-Regeln bei diesem EPA nicht fest vorgegeben. Bei der Instanziierung eines UserTrackingAgents muss der Name des zu trackenden Benutzer als Parameter über den Konstruktor übergeben werden. Dieser Parameter wird dann in der EPL zur Abfrage von *UserTrackingEvents* eines bestimmten Benutzers verwendet. Bevor dieser Agent jedoch Ereignisse verarbeiten kann, muss er zunächst welche empfangen können, daher verfügt er über die Methode start(). Durch das Aufrufen der start()-Methode wird die erstellte EPL an dem EPServiceProvider angemeldet.

Anschließend registriert sich der EPA an einem `PublishSubscriberChannel`[154], um eintreffende Ereignisse zu erhalten.

```java
1     public class UserTrackingAgent implements MessageHandler {
2
3             private final String SELECT_USER_TRACKING;
4
5             private EPServiceProvider userTrackingAgent;
6
7             private UserTrackingSubscriber userTrackingSubscriber;
8
9             private PublishSubscribeChannel channel;
10
11            private String trackedUserName;
12
13            public UserTrackingAgent(String trackedUserName,
14                    UserTrackingSubscriber userTrackingSubscriber,
15                        PublishSubscribeChannel channel) {
16                SELECT_USER_TRACKING = "Select * from "
17                            + UserTrackingEvent.class.getCanonicalName()
18                            + " where user.username= '" + trackedUserName + "'";
19                this.userTrackingSubscriber = userTrackingSubscriber;
20                userTrackingAgent = EPServiceProviderManager
21                            .getProvider(trackedUserName + "-Agent");
22                this.channel = channel;
23                this.trackedUserName = trackedUserName;
24            }
25
26            public void sendEvent(AbstractEvent event) {
27                EPRuntime runtime = userTrackingAgent.getEPRuntime();
28                runtime.sendEvent(event);
29            }
30
31            public void start() {
32                EPStatement rule1 = userTrackingAgent.getEPAdministrator().createEPL(
33                            SELECT_USER_TRACKING);
34                rule1.setSubscriber(userTrackingSubscriber);
35                channel.subscribe(this);
36            }
37
38            public void stop() {
39                channel.unsubscribe(this);
40                userTrackingAgent.destroy();
41            }
```

Listing 11 Ein Ausschnitt der UserTackingAgent-Klasse

Wird der EPA nicht mehr benötigt, weil ein anderer Benutzer getrackt werden soll, so wird die Methode `stop()` aufgerufen. Der EPA meldet sich vom `PublishSubscriberChannel` ab und zerstört sich anschließend selbst. Somit ist gewährleistet dass keine unnötige Serverlast entstehen kann.

---

[154] Der PublishSubscriberChannel ist Bestandteil des Spring Integration Frameworks (SpringSource, 2012)

5.12 Installationsinstruktionen

Für die Installation der CEP-Anwendung werden Maven[155], ein Servlet-Container(z.B. Tomcat) und ein RabbitMQ-Server benötigt.

Die CEP-Anwendung besteht aus drei Maven-Projekten:

- *aShop-Model*: implementiert das im Anhang abgebildete Datenmodell des Online-Shop-Systems.
- *app-Model:* enthält die implementierten Klassen von Abbildung 2.
- *cepApp:* ist die eigentliche CEP-Anwendung, die mittels Spring Integration implementiert ist.

Die Projekte werden unter dem Link: https://github.com/MaschDE/cepApp bereitgestellt.

Die Klassen der Projekte *aShop-Model* und *app-Model* werden in der *cepApp* benötigt. Daher müssen diese Projekte zum Maven-Repository hinzugefügt werden:

```
mvn install:install-file -DgroupId=aShop -DartifactId=aShop-Model -Dversion=0.0.1-SNAPSHOT
-Dpackaging=jar -Dfile={Dateipfad}\aShop-Model-0.0.1-SNAPSHOT.jar

mvn install:install-file -DgroupId=cep -DartifactId=app-model -Dversion=0.0.1-SNAPSHOT -
Dpackaging=jar -Dfile={Dateipfad}\app-model-0.0.1-SNAPSHOT.jar
```

Listing 12 Befehl zum Installieren der CEP-Projekte im Maven-Repository

Nach erfolgreicher Installation können die Projekte in eine beliebige Entwicklungsumgebung (z.B. Eclipse) importiert werden.

Die CEP-Anwendung wird über einen Servlet-Container ausgeführt. Daher muss die *cepApp.war*-Datei zum Servlet-Container hinzugefügt werden. Anschließend muss dieser gestartet werden. Die Anwendung ist, je nach Einstellungen, unter dem Link: *localhost:8080/application/* verfügbar.

Um die CEP-Anwendung testen zu können, befindet sich ein weiteres Projekt im Repository: *cepTestClient*. Mittels dieser Anwendung können (über eine Kommandoleiste) Ereignistypen ausgewählt und an die CEP-Anwendung gesendet werden.

---

[155] (Apache, 2002)

6 Schlussbemerkung

Dieser Abschnitt fasst die erarbeiteten Ergebnisse, sowie den aktuellen Entwicklungsstand von EDA und CEP, zusammen. Abschließend wird ein Ausblick auf die Entwicklung und den Einsatz von EDA und CEP gegeben.

6.1 Konzeption und Entwicklung der CEP-Anwendung

Schwerpunkt dieses Buchs ist die Konzeption und Entwicklung einer CEP-Anwendung im Bereich E-Commerce. Nach der Einführung in die Theorie wurden einige Einsatzmöglichkeiten von CEP im Bereich E-Commerce dargestellt. Um eine strukturierte Umsetzung der aufgezeigten Einsatzmöglichkeiten durchzuführen, wurden zwei Vorgehensmodelle aus der Literatur vorgestellt. Dabei hat sich herausgestellt, dass sich die einzelnen Schritte bzw. Building Blocks nicht sequenziell abarbeiten lassen. Während der Entwicklungsphase, wurden immer wieder neue Erkenntnisse gewonnen, die in die Konzeption mit aufgenommen werden mussten. Ferner wurde das in der Konzeptionsphase entwickelte Ereignismodell kontinuierlich in der Entwicklungsphase erweitert – bis es schließlich den Stand in Abbildung 22 erreichte. Auch die Entwicklung des EPN erfolgte schrittweise. Zunächst übernahmen wenige EPAs die Aufgabe der Ereignisverarbeitung. Mit zunehmender Komplexität wurden diese weiteraufgeteilt, sodass das Netzwerk in Abbildung 24 entstand.

Als die größte Schwierigkeit stellte sich die „neue Denkweise", die bei der Entwicklung einer ereignisgesteuerten Applikation angewendet werden muss, heraus. Besonders wichtig war hierbei die Erkenntnis, dass Ereignisse im Mittelpunkt der Implementierung stehen und alle Vorgänge in der Anwendung steuern. Den entsprechenden Implementierungsansatz bietet hierfür das Framework Spring Integration, daher wurde es als Grundlage der CEP-Anwendung verwendet. Für die eigentliche Ereignisverarbeitung wurde Esper eingesetzt. Die Verwaltung der Esper-Elemente (z.B. EPA) durch Spring erfolgte ohne weitere Schwierigkeiten und auch der Aufbau des EPNs durch die beiden Frameworks übertraf alle Erwartungen. Einige konzeptionellen Lücken zwischen Esper und Spring Integration sollten mit dem Framework OpenCredo geschlossen werden. Nach einigen Validierungsfehlern der Konfigurationsdatei und der ernüchternden Feststellung, dass die in XML konfigurierten EPAs nicht grafisch dargestellt werden können, wurde jedoch auf die Einbindung dieses Frameworks verzichtet.

Mit der im Abschnitt 5.9 vorgestellten Ereignisverarbeitungssprache von Esper (EQL), konnten einfache Ereignismuster schnell und ohne Probleme implementiert werden. Allerdings erforderte die Einarbeitung in Esper-EQL einigen Aufwand, da die Sprache sehr umfangreich ist und darüber hinaus SQL-ähnliche Sprachelemente mit einer eigenen Pattern-Sprache mischt. Darin liegt jedoch ein Widerspruch: Einerseits besteht der Wunsch nach mächtigen Sprachkonstrukten, mit denen sich auch spezielle Anforderungen leicht erfüllen lassen, andererseits wird dadurch die Sprache schnell umfangreich und schwer zugänglich. Es gibt beispielsweise viele Möglichkeiten um ein Sliding Window zu definieren. Zu Beginn war die Auswahl des passenden Sprachkonstrukts aus der Vielzahl der Möglichkeiten problematisch.

Für die Entwicklung kleinerer CEP-Projekte sind Esper und Spring Integration eine sehr gute Wahl. Bei größeren Projekten bedarf es jedoch einer Realisierungsplattform, die den Entwickler wie folgt unterstützt:

- *Regel-Editor*
  Eine Abfrageregel mit Esper-EQL kann, wie eben beschrieben, schnell komplex werden, daher wird ein Regeleditor benötigt. Dieser überprüft die Syntax der Abfrageregel, bevor die Anwendung gestartet wird. Somit kann viel Zeit bei der Entwicklung gespart werden.

- *Grafisches-EPN*
  Des Weiteren unterstützt eine Realisierungsplattform die grafische Darstellung eines EPNs und bietet bereits fertige Templates für EPA-Typen (z.B. Filter-EPA) an.

- *Persistenz*
  BAM-Anwendungen sollten nicht nur aktuelle Ereignisse darstellen können, daher müssen Ereignisse persistiert werden. Viele Realisierungsplattformen bieten hierfür eine JDBC-Anbindung an.

- *Debugger*
  Als besonders schwirig erweist sich die Fehlersuche in einer CEP-Anwendung. Logische Fehler in der Abfrage-Regel oder die Fehlleitung von Ereignissen sind ohne Debugger-Werkzeuge kaum auffindbar.

Zurzeit gibt es nur einige wenige kommerzielle Entwicklungsplattformen, wie Oracle CEP, Tibco, StreamBase oder auch die Esper Enterprise Edition.

Für die Verbreitung von CEP wäre eine Open-Source-Plattform oder auch ein Eclipse Plug-In sehr wünschenswert.

6.2   Aktueller Entwicklungsstand

Event-Driven Architecture in Verbindung mit Complex Event Processing ist ein junges Fachgebiet, dessen Entwicklung längst noch nicht abgeschlossen ist. Die wichtigsten Konzepte sind soweit vorhanden, eine Fachterminologie bildet sich heraus und vielversprechende Tools stehen zur Verfügung. Jedoch behindern einige wesentlichen Faktoren den Einsatz von EDA und CEP in Unternehmensanwendungen:[156]

- *Fehlende Standards*
  Das größte Hindernis für den Einsatz von EDA und CEP ist das Fehlen von allgemein akzeptierten Standards. Beispielsweise gibt es keine Standards für die EPL zur Beschreibung von Ereignistypen, -mustern und -regeln. Erste Bestrebungen sind jedoch bereits in einigen Arbeiten zu finden: *Java Rule Engine API*[157] oder *RuleML*[158].

- *Kein etabliertes Vorgehensmodell*
  Im Abschnitt 5.2.1 wurden zwei Vorgehensmodelle vorgestellt. Dabei handelt es sich um Vorschläge aus der Literatur. Diese Modelle müssen jedoch noch in vielen Entwicklungsprojekten angewendet, verfeinert und weiterentwickelt werden.

- *Wenig Erfahrungswissen*
  EDA und CEP werden oftmals nicht eingesetzt, da Softwareingenieure auf ihre vertrauten und etablierten Modelle konventioneller Architekturstile zurückgreifen. Auch Softwareentwickler müssen sich zunächst in neue Technologien (z.B. MOM) einarbeiten.

6.3 Ausblick

Die Untersuchungen belegen, dass sich mit CEP neue Arten von Anwendungen implementieren lassen. Die Einführung dieser Technologie kann aber auch eine Kehrseite haben: Der Verlust von Sicherheit und Privatsphäre. Das im Abschnitt 5.11.2 vorgestellte Beispiel zeigt, dass sich mit CEP neue Möglichkeiten zur Analyse des Kundenverhaltens ergeben. Dies geschieht jedoch auf Kosten der Privatsphäre des Kunden. Daher müssen zukünftige CEP-Anwendungen, hinsichtlich der Sicherheit und Privatsphäre von Kunden, vorsichtig implementiert werden.

Der Markt für den Verkauf von CEP-Produkten und Dienstleistungen betrug im Jahr 2009 ca. 190 Millionen USD. Im Jahr 2010 wuchs der Markt auf ungefähr 280 Millionen USD. David Luckham, Roy Schulte und die Gartner Corp. prognostizieren eine durchschnittliche

---

[156] Vgl. (Bruns & Dunkel, 2010, S. 224)
[157] (Oracle, 2010)
[158] (Boley, 2009)

Wachstumsrate von 30%, sodass im Jahr 2013 ein Marktvolumen von ungefähr 580 Millionen USD erreicht wird.[159]

Angesichts dieser vielversprechenden Zahlen, dem Potenzial der vorgestellten Konzepte und den möglichen Einsatzgebieten von EDA und CEP, werden diese in Unternehmensanwendungen immer mehr an Bedeutung gewinnen. Darüber hinaus haben eine Reihe führender Softwarehersteller bereits professionelle Realisierungsplattformen entwickelt. Daher ist zu erwarten, dass sich EDA und CEP auf Dauer als Bestandteil zukunftssicherer Unternehmensarchitekturen bzw. Softwaretechnologien etablieren werden.

---

[159] Vgl. (Luckham, 2012, S. 101)

Literaturverzeichnis

Abts, D., & Mülder, W. (2009). *Grundkurs Wirtschaftsinformatik: Eine kompakte und praxisorientierte Einführung, 6. Auflage.* Wiesbaden: GWV Fachverlage GmbH.

Aier, S. (2007). *Integrationstechnologien als Basis einer nachhaltigen Unternehmensarchitektur: Abhängigkeiten zwischen Organisation und Informationstechnologie.* Berlin: GITO-Verlag.

Aier, S., & Winter, R. (2008). *Virtuelle Entkopplung von fachlichen und IT-Strukturen für das IT/Business Alignment – Grundlagen, Architekturgestaltung und Umsetzung am Beispiel der Domänenbildung.* St. Gallen: Institut für Wirtschaftsinformatik.

Apache. (2002). *Maven:Apache Software Foundation.* Abgerufen am 17. 7 2012 von Apache Software Foundation: http://maven.apache.org/

Arasu, Babu, & Widom. (2003). *CQL: A Language for Continuous Queries over Streams and Relations.* Stanford.

Bager, J. (2012). *Microsoft aktiviert "Do Not Track" in Internet Explorer 10:heise online.* Abgerufen am 3. 7 2012 von heise online: http://www.heise.de/newsticker/meldung/Microsoft-aktiviert-Do-Not-Track-in-Internet-Explorer-10-1588863.html

Balzert, H. (2001). *Lehrbuch der Software-Technik, 2.Auflage.* Heidelberg : Spektrum Akademischer Verlag.

Boley, H. (2009). *The Rule Markup Initiative:RuleML.* Abgerufen am 23. 7 2012 von RuleML: http://ruleml.org/

Bruns, R., & Dunkel, J. (2010). *Event-Driven Architecture: Softwarearchitektur für ereignisgesteuerte Geschäftsprozesse.* Berlin Heidelberg: Springer-Verlag.

Bruns, R., & Dunkel, J. (2010). *Source-Code-Beispiele:Event-Driven Architecture.* Abgerufen am 13. 6 2012 von Event-Driven Architecture: http://eda.inform.fh-hannover.de/buch/sites/examples.html

Buchmann, A., Bornhövd, C., Cilia, M., Fiege, L., Gärtner, F., Liebig, C., et al. (2004). Dream:Distributed reliable event-based application managment. In M. Levene, & A. Poulovassilis, *Web Dynamics - Adapting to Change in Content, Size, Topology and Use* (S. 319-349). Heidelberg: Springer.

Chandy, K. M., & Schulte, W. R. (2009). *Event Processing: Designing IT Systems for Agile.* McGraw-Hill.

DanielSHaischt. (2007). Abgerufen am 7. 7 2012 von Wikipedia: http://de.wikipedia.org/w/index.php?title=Datei:Prozessfluss-ajax.svg&filetimestamp=20111102193443

Dunkel, J., Eberhart, A., Fischer, S., Kleiner, C., & Koschel, A. (2008). *System-Architekturen für Verteilte Anwendungen.* München: Hanser.

EsperTech. (2006). *EsperTech: Event Stream Intelligence.* Abgerufen am 26. 6 2012 von EsperTech: http://esper.codehaus.org/

EsperTech. (2006). *Quick Start:EsperTech.* Abgerufen am 4. 7 2012 von EsperTech: http://esper.codehaus.org/tutorials/tutorial/quickstart.html

EsperTech. (2007). *codehaus.* Abgerufen am 4. 7 2012 von http://jira.codehaus.org/browse/ESPER-114?page=com.atlassian.jira.plugin.system.issuetabpanels:comment-tabpanel

EsperTech. (2011). *Chapter 7. EQL Reference: Functions.* Abgerufen am 4. 7 2012 von EsperTech: http://esper.codehaus.org/esper-4.5.0/doc/reference/en/html/functionreference.html

EsperTech. (2012). *Esper Reference 4.6.0:EsperTech.* Abgerufen am 5. 7 2012 von EsperTech: http://esper.codehaus.org/esper-4.6.0/doc/reference/en-US/html/index.html

Etzion, O., & Niblett, P. (2011). *Event Processing in Action.* Greenwich: Manning Publications.

Freemann, Eric, Freemann, Elisabeth., Sierra, K., & Bates, B. (2004). *Head First Design Patterns.* Cambridge: O'REILLY.

Gabriel, R., & Hoppe, U. (2002). Electronic Business und Electronic Commerce - ein Beitrag zur Begriffsbildung. In U. H. R. Gabriel, *Electronic Business - Theoretische Aspekte und Anwendungen in der betrieblichen Praxis* (S. 1 - 22). Heidelberg: Physica-Verlag.

Gamma, E., Helm, R., Johnson, R., & Vlissides, J. (1994). *Design Patterns:Elements of Reusable Object-Oriented Software.* Longman, Amsterdam: Addison-Wesley.

Google. *Erstklassige Funktionen für leistungsorientiertes Marketing:Google Analytics.* Abgerufen am 2. 7 2012 von Google Analytics: http://www.google.com/intl/de/analytics/features.html#advertising_roi

Hammer, & Champy. (1995). *Business Reengineering: Die Radikalkur für das Unternehmen.* Frankfurt/Main; New York: Wilhelm Heyne Verlag.

Hanley, F. (2005). *Archelaus.* Abgerufen am 16. 7 2012 von http://www.archelaus-cards.com/blog/images/1930-01-10-b.gif

Heinemann, G. (2012). *Der neue Online-Handel: Erfolgsfaktoren und Best Practices, 4. Auflage.* Wiesbaden: Gabler Verlag.

Helmke, H., Höppner, F., & Isernhagen, R. (2007). *Einführung in die Softwareentwicklung.* München: Carl Hanser Verlag.

Hillert, G. (2012). *spring-integration-templates:SpringSource.* Abgerufen am 13. 6 2012 von SpringSource: https://github.com/SpringSource/spring-integration-templates

Hohpe, G. (2003). *Control Bus:Enterprise Integration Patterns.* Abgerufen am 3. 7 2012 von Enterprise Integration Patterns: http://www.eaipatterns.com/ControlBus.html

Hohpe, G., & Woolf, B. (2003). *Enterprise Integration Patterns: Designing, Building, and Deploying Messaging Solutions.* Boston: Addison-Wesley.

IBM. *IBM Active Middleware Technology™.* Abgerufen am 26. 6 2012 von IBM: http://www.research.ibm.com/haifa/dept/services/soms_ebs_qa.html

IEEE. (2008). *ISO/IEC 12207.*

IEEE. *Guide to the Software Engineering Body of Knowledge (SWEBOK).* Abgerufen am 28. 6 2012 von http://www.computer.org/portal/web/swebok

Illik, J. A. (2007). *Verteilte Systeme: Architekturen und Software-Technologien.* Renningen: Expert-Verlag.

Krafzig, D., Banke, K., & Slama, D. (2007). *Enterprise SOA: Best Practices für Serviceorientierte Architekturen - Einführung, Umsetzung, Praxis.* Heidelberg: REDLINE GMBH.

Luckham, D. (2002). *The Power of Events: An Introduction to Complex Event Processing in Distributed Enterprise Systems.* Boston: Addison-Wesley.

Luckham, D. (2012). *Event Processing For Business: Organizing the Real-Time Enterprise.* Hoboken, New Jersey: John Wiley & Sons, Inc.

Luckham, D., & Schulte, R. (2010). *(EPTS) Glossary of Terms - Version 2.0.* The Event Processing Technical Society.

Mühl, G., Fiege, L., & Pietzuch, P. R. (2006). *Distributed Event-Based Systems.* Berlin Heidelberg: Springer-Verlag.

Mülder, W. (2002). Elektronische Marktplätze. In R. Conrady, T. Jaspersen, & W. Pepels, *Online-Marketing-Strategien* (S. 320 - 344). Neuwied: Luchterhand.

OpenCredo. (2012). *OpenCredo Esper Extension:OpenCredo.* Abgerufen am 6. 7 2012 von OpenCredo: http://www.opencredo.com/technologies/opencredo-esper

Oracle. (2009). *Overview of Creating Oracle CEP Applications:Oracle.* Abgerufen am 1. 7 2012 von Oracle: http://docs.oracle.com/cd/E15523_01/doc.1111/e14301/overview.htm#i1013152

Oracle. (2010). *Java Rule Engine API (JSR 94):Oracle.* Abgerufen am 23. 7 2012 von Oracle: http://java.sun.com/developer/technicalArticles/J2SE/JavaRule.html

Oracle. (2010) *Oracle Complex Event Processing.* Abgerufen am 26. 6 2012 von Oracle: http://www.oracle.com/technetwork/middleware/complex-event-processing/overview/index.html

Schmid, B. (1993). Elektronische Märkte. In *Wirtschaftsinformatik 35* (S. 465 - 480).

Schneider, D. (2002). Multi-Kanal-Managment: Der Kunde im Netzwerk der Handelsunternehmung. In D. Ahlert, J. Becker, R. Knackstedt, & M. Wunderlich, *Customer Relationship Management im Handel:Strategien - Konzepte - Erfahrungen* (S. 31-44). Berlin: Springer.

Schubert, P. (2000). Einführung in die E-Business-Begriffswelt. In P. Schubert, & R. Wölfle, *E-Business erfolgreich planen und realisieren - Case Studies von zukunftsorientierten Unternehmen* (S. S. 1-12). München, Wien: Hanser Verlag.

Schulte, R. (2006). *Event Processing in Business Applications.* Gartner Inc.

Springsource. (2012). *Channel-Implementations:Spring Integration.* Abgerufen am 4. 7 2012 von Spring Integration: http://static.springsource.org/spring-integration/reference/htmlsingle/#channel-implementations

Springsource. (2012). *Spring Integration:Springsource.* Abgerufen am 2012. 7 2 von Spring: http://www.springsource.org/spring-integration/

StreamBase. *StreamBase.* Abgerufen am 296. 6 2012 von http://www.streambase.com/

Taylor, H., Yochem, A., & Phillips, L. M. (2009). *Event-Driven Architecture: How SOA Enables the Real-Time Enterprise.* Boston: Addison-Wesley.

TIBCO. (2000). *TIBCO.* Abgerufen am 26. 6 2012 von http://www.tibco.de/

Walls, C. (2008). *Spring im Einsatz.* Müchen: Carl Hanser Verlag.

Anhang

A   Datenmodell des Online-Shop-Systems

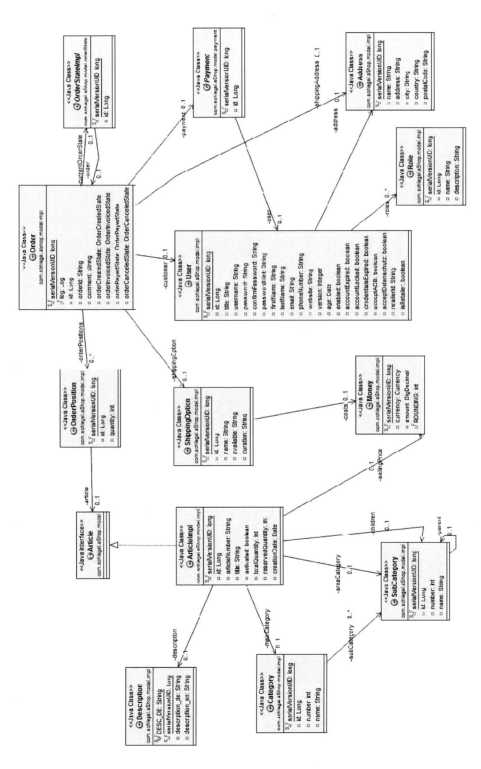